サラダ教本

坂田阿希子

東京書籍

contents

1	おいしさの基本	野菜を切る 4
2	おいしさの基本	野菜の水きり 5
3	おいしさの基本	野菜のうまみを出す 6
4	おいしさの基本	野菜に味を絡める 7
5	おいしさの基本	基本のフレンチドレッシング 8
6	おいしさの基本	基本のマヨネーズ 9
7	おいしさの基本	この本で使った酢 10
8	おいしさの基本	この本で使った油 11
9	おいしさの基本	使う酢と油でテイストを変える 12
10	おいしさの基本	サラダにアクセントを添える 13

11 コンビネーションサラダ 14
12 ニース風サラダ 16
13 マセドアンサラダ 18
14 シーザーサラダ 19
15 コールスローサラダ 20
16 玉ねぎとスモークサーモンのサラダ 21
17 トマトとモッツァレラチーズのサラダ 22
18 温野菜のサラダ・バーニャカウダソース 23
19 たことセロリのサラダ 24
20 かにのトマトファルシサラダ 26
21 えびとアボカドのサラダ 27
22 小えびフライのサラダ 28
23 発芽玄米のライスサラダ 29
24 マカロニサラダ 30
25 カレー風味のパスタサラダ 32
26 中華風春雨サラダ 33
27 中華風刺し身サラダ 34
28 豚しゃぶサラダ 36
29 豆腐と揚げじゃこのサラダ 37
30 ミモザサラダ 38
31 スタッフドエッグのサラダ 39
32 ゆで卵のサラダ 40
33 ポーチドエッグとアスパラガスのサラダ 41
34 ベーシックなポテトサラダ 42
35 かにとそら豆のポテトサラダ 44
36 玉ねぎと生ハムのポテトサラダ 46
37 じゃがいものサワークリームサラダ 47
38 揚げじゃがいものサラダ 48
39 ジャーマンポテト風サラダ 49
40 青い豆のサラダ 50

41	せん切りレタスのサラダ 52	78	オクラのスパイシーサラダ 88
42	きゅうりのサラダ 53	79	豆と揚げピーナツのサラダ 89
43	ベビーリーフのサラダ 54	80	蒸し鶏のサラダ・バンバンジー風 90
44	マーシュとオレンジのサラダ 55	81	豆腐干絲(カンスー)のサラダ 92
45	トマトのサラダ 56	82	カリフラワーとブロッコリーのナムル風 93
46	ミニトマトのマリネサラダ 57	83	牛肉と野菜の韓国風サラダ 94
47	ホワイトアスパラのサラダ 57	84	タイ風ひき肉のサラダ 96
48	キャロットラペ 58	85	タイ風春雨のサラダ 98
49	セロリアックのサラダ 59	86	青パパイヤのサラダ 99
50	ビーツのサラダ 60	87	ベトナム風キャベツと文旦のサラダ 100
51	かぶのサラダ 61	88	ガドガドサラダ 101
52	マッシュルームのサラダ 62	89	アボカドとサルサのサラダ 102
53	ポワローのサラダ 63	90	セビーチェ 103
54	焼きパプリカのマリネサラダ 64		
55	焼き玉ねぎのサラダ 65	91	まぐろのタルタルサラダ 104
56	ズッキーニのサラダ 66	92	しめさばとディルのサラダ 106
57	ほうれん草のサラダ 67	93	シーフードサラダ 108
58	大根のサラダ 68	94	やりいかとそら豆のサラダ 110
59	白菜のサラダ 69	95	帆立て貝柱のバルサミコソテーサラダ 112
60	春菊のサラダ 69	96	揚げさんまと香菜のサラダ 114
61	菜の花のサラダ 70	97	ローストチキンのサラダ 116
62	焼きたけのこのサラダ 71	98	砂肝コンフィのサラダ 118
63	揚げかぼちゃのサラダ 72	99	ローストポークのサラダ 120
64	揚げごぼうのサラダ 73	100	ステーキサラダ 122
65	揚げいんげんのサラダ 74		
66	コーンのサラダ 75		食べたい素材で探す index 124
67	里芋のサラダ 75		
68	白いんげん豆のサラダ 76		
69	ひよこ豆のサラダ 78		
70	レンズ豆のサラダ 79		
71	いわしとスクランブルエッグのサラダ 80		
72	塩だらとじゃがいものサラダ 82		
73	パンツァネッラ 83		
74	タラモサラダ 84		
75	モロカンサラダ 85		
76	トルコ風なすのサラダ 86		
77	クスクスのサラダ 87		

＊計量単位は、1カップ＝200mℓ、大さじ1＝15mℓ、小さじ1＝5mℓです。
＊ガスコンロの火加減は、特にことわりのない場合、中火です。
＊オーブンの温度と焼き時間、オーブントースターの焼き時間は目安です。機種によって違いがあるので加減してください。
＊塩は自然塩を使っています。

1 野菜を切る

おいしさの基本

サラダを作る手順は、洗って切って→水気をとって→ドレッシングであえる、が基本。
おいしいサラダを作るには、野菜の扱い方が最も重要です。
ステップ1として、野菜の切り方をマスターしましょう。
サラダは味つけだけが決め手ではありません。
野菜をまな板の上においたところから、すべてが始まります。

切る方法

手でちぎる
レタス、ほうれん草などの葉野菜は、手でちぎるのがおすすめ。包丁で切ると苦みが出てしまったり、水っぽくなってしまったり、茶色っぽく変色してしまったり……金属に反応して味が落ちてしまうことも。

包丁で切る
葉野菜以外のほとんどの野菜は、包丁で切ります。どんな切り方にするかは作るサラダによって違いますが、大切なのは、厚さや大きさを揃えること。早く切ることが料理上手なのではなく、ていねいに形を揃えることが大事です。

めん棒などでたたく
セロリ、ごぼうなどの繊維の多い野菜は、包丁で切る前にめん棒などでたたきます。たたくことによって繊維が壊れ、口当たりがよくなり、うまみや香りも出ます。ドレッシングの味がなじみやすくもなります。

ちょっと技あり

スライサー → 包丁
にんじん、大根などのかたい野菜を同じ細さに切り揃えるときに便利なのがスライサー。まずスライサーで薄切りにし、数枚ずつ重ねて包丁でせん切りにします。

ピーラー → 包丁
きゅうり、なすなどを輪切りにするときは、ピーラーで縞目に皮をむき、それから輪切りに。皮をとることで味のしみ込み具合がよくなり、見た目の美しさ、食感もよくなります。

◎せん切りグッズのいろいろ

・ピーラー
薄いリボン状にしたいときに使います。にんじん、大根、きゅうり、ごぼうなどに。

・チーズおろし
太めで短めのせん切りにしたいときに使います。包丁で切ったものとは食感が違います。

・しりしり
沖縄しりしり料理に使う、蜂の巣という器具で、通称しりしり。食感がソフト。

・せん切りピーラー
これは、タイで青パパイヤ用に売られているギザギザピーラー。同じようなせん切りピーラーは日本でも購入可。

2 おいしさの基本

野菜の水きり

ステップ2は野菜の水きり。サラダ作りの中で
最もおいしさを左右するプロセスといえます。野菜の水きりが
ちゃんとできていないと、ドレッシングであえたときに
葉野菜は味が薄まり、根菜は味がしみ込みません。
野菜の水気をていねいにとることが、味つけの第一歩です。

生でサラダにする場合

冷水に放します。

ザルにあげて水気をきります。

大きめのキッチンタオルなどに包み、両手で持ってグルグル回してしっかりと水気をきります。

サラダスピナー（水きり器）に入れてしっかりと水きりします。

ゆでてサラダにする場合

塩少々を加えた熱湯でゆでます（そのときどきに応じて塩を入れない場合も）。

冷水にとります。急冷することで、色よく仕上がります。

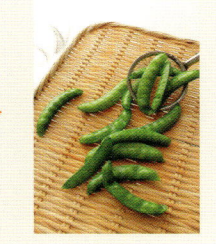

ザルに上げて水気をきります。

大きめのキッチンタオルなどではさみ、上からやさしく押さえて水気をとります。

熱湯でゆでます（そのときどきに応じて塩を入れる場合も）。

ザルに上げ、塩少々をふります。ブロッコリー、菜の花、アスパラガスなど、つぼみ、穂先などがある野菜は、水にとると水っぽくなってしまうのでこの方法で。

3 野菜のうまみを出す

おいしさの基本

野菜のおいしさを最大限に引き出すポイントは、
余分な水分を抜いてうまみをギュッと凝縮させること。
前ページの「野菜の水きり」をさらにステップアップした
プロセスです。塩と油の力を借ります。
塩は自然塩、油はオリーブオイルや紅花油など良質のものを。

塩もみする

→ 両手で水気をギュッと絞ります。

ボウルに野菜を入れ、塩少々をふって手でもみます。

塩水につける

→ しばらくしたら、両手で水気をギュッと絞ります。

ボウルに塩少々を入れた水を用意し、野菜を入れます。

焼く

フライパンにオリーブオイル少々を熱し、野菜を入れてじっくりと焼き、甘みを引き出します。

天板に野菜をのせ、オーブンでじっくりと焼いて中まで火を通します。うまみが増しておいしくなります。

揚げる

揚げ油を中温に熱し、野菜を入れてじっくりと火を通します。余分な水分が蒸発して、香り、うまみともに増します。

マリネする

油、塩、酢、レシピによっては甘味（砂糖、はちみつなど）を加えて少しおきます。

4 おいしさの基本

野菜に味を絡める

野菜の準備が整ったら、さあ、次は味つけ。
調味料の基本は酢、油、塩＝ドレッシングです。この本では、
あらかじめドレッシングを作ってから素材とあえるタイプ、
素材の中に直接調味料を加えていくタイプの2つがありますが、
基本のプロセスを知っておけば、どんな素材がきても大丈夫です。

ドレッシングであえる

大きいボウルに素材を入れ、ドレッシングを加え、両手でしっかりとあえます。手を使うとムラなく味が絡み、素材の味や食感を残しつつ、ドレッシングと融合したおいしさが味わえます。

調味料であえる

まずは油を加えてあえ、味が絡みやすいようにすると同時にコクをプラスします。

→ 塩、こしょうを加えます。塩は素材の味を引き立てる自然塩を使います。

→ 調味料を加える都度、あえていきます。これがポイント。

→ 酢を加えてあえ、味を引き締めて風味をプラスします。

あえる順番

たとえば……
えびとアボカドのサラダ (p.27)

→ ボウルに自家製オーロラソースの材料を入れて混ぜ合わせ、えびを加えてあえる。

→ アボカドを加えて混ぜ合わせる。味がなじみにくいもの、味をしっかりと絡めたい素材を先に入れるのがコツ。

5 基本のフレンチドレッシング

おいしさの基本

フレンチドレッシングとひと口にいっても、
レシピはさまざま、アレンジは無限大。ここでは、
野菜のサラダはもちろん、肉や魚介、卵のサラダにも使える
オリーブオイルベースの乳化タイプのドレッシングを紹介。
酸味がやわらかで、うまみのある赤ワインビネガーを用います。

材料／作りやすい分量
赤ワインビネガー
　小さじ2
フレンチマスタード
　小さじ1
塩　小さじ½
こしょう　少々
オリーブオイル
　大さじ3

1 ボウルに赤ワインビネガー、フレンチマスタード、塩、こしょうを入れる。

2 泡立て器でよく混ぜ合わせる。

3 オリーブオイルを少しずつ加え、乳化させながら混ぜ合わせる。

◎マスタードは
　フレンチマスタードを使います

フレンチマスタードは、ほどよい辛さでマイルドな味、ペースト状なので舌ざわりが軽くなめらか。ドレッシング作りには粒マスタードより適しています。この本で使ったフレンチマスタードはすべてフランスのディジョンマスタード。

6 基本のマヨネーズ

おいしさの基本

マヨネーズの主材料は酢、オイル、卵黄……と、身近なものばかり。
混ぜ合わせるだけで、自家製のマヨネーズが簡単に作れます。
酸味は、レモン汁と米酢を同量ずつ入れるのがポイント。
市販のものよりマイルドな味で、いつ食べても飽きないのが魅力。
多めに作って保存瓶に入れれば、冷蔵庫で2週間ほどもちます。

材料／作りやすい分量
卵黄　2個分
塩　小さじ1
こしょう　少々
レモン汁　大さじ1
米酢　大さじ1
紅花油　150mℓ
オリーブオイル　50mℓ
砂糖　小さじ1

1 ボウルに卵黄を入れて泡立て器で溶きほぐし、塩、こしょうを加えて混ぜる。

2 レモン汁を加えて混ぜ合わせる。

3 米酢を加えてさらに混ぜる。

4 紅花油とオリーブオイルを少しずつ加え、泡立て器で混ぜていく。

5 乳化させていき、マヨネーズ状になるまでしっかりと混ぜる。

6 仕上げに砂糖を加えて混ぜる。

7 おいしさの基本

この本で使った酢

サラダの味つけは、酸味、塩気、油が基本。
どんな酸味＝酢を使うかで、サラダのニュアンスが違ってきます。
ここでは、この本で使った酢を紹介。
基本のフレンチドレッシング（p.8）は赤ワインビネガーを
使っていますが、好みで白ワインビネガーや米酢に代えても。

米酢

主に米を原料とする酢。純米酢は米だけを原料とするもの、純玄米酢は玄米だけを原料とするもの。うまみと風味があり、ワインビネガーより酸味がマイルド。ドレッシングに使うとクセのない仕上がりになるので、あっさりとさせたいときや、洋食屋さんの味のサラダに。

たとえば……
（写真左）p.14 コンビネーションサラダ
（写真右）p.36 豚しゃぶサラダ

ワインビネガー（白、赤）

ぶどうを原料とする酢。白ぶどうから造られる白ワインビネガーと、赤ぶどうから造られる赤ワインビネガーがあります。白ワインビネガーは酸味が強く、アンチョビーや魚介との相性が二重丸。赤ワインビネガーは白ワインビネガーに比べて酸味がやわらかく、うまみがあるのが特徴で、野菜のサラダにコクを添えます。

たとえば……
（写真左）白ワインビネガー／p.16 ニース風サラダ
（写真右）赤ワインビネガー／p.58 キャロットラペ

シェリービネガー

シェリー酒を発酵させて造った酢。色は褐色で、果実の香りが生きたまろやかさ、濃厚な味わいが特徴。味の強い素材と合わせるとバランスがとれます。加熱すると香りが立つので、炒めサラダや焼きサラダのときに加えて仕上げます。

たとえば……
（写真左）p.64 焼きパプリカのマリネサラダ
（写真右）p.80 いわしとスクランブルエッグのサラダ

バルサミコ酢

ワインビネガー同様、ぶどうを原料とする酢。イタリア生まれの熟成酢で、木樽に詰めて熟成させるため、独特の香りがあります。まろやかな酸味、濃厚な甘みとコクが特徴。あえてクセを出したいサラダ、料理っぽい重みを出したいサラダなどに使います。

たとえば……
p.112 帆立て貝柱のバルサミコソテーサラダ

◎レモン汁、ライム汁も酸味として使います

さわやかに仕上げたいときはレモン汁、エスニックテイストのサラダにはライム汁も使います。柑橘系の香りが入ることで、フレッシュ感が演出できます。

8 おいしさの基本

この本で使った油

酢と同様、どんな油を使うかでもサラダのニュアンスが違ってきます。ここでは、この本で使った油を紹介。
基本のフレンチドレッシング（p.8）はオリーブオイルを使っていますが、好みで紅花油に代えても。いずれも上質のものを使ってください。

オリーブオイル

オリーブの実を搾った油。独特の香りとうまみがあり、サラダに華やかさを添えます。ドレッシングに使うには、香りの高い一番搾りのエキストラバージンオリーブオイルがおすすめ。組み合わせる素材を選ばない万能タイプで、この本の基本オイルです。

たとえば……
（写真左）p.21　玉ねぎとスモークサーモンのサラダ
（写真右）p.50　青い豆のサラダ

ごま油

ごまの種子から採れる油で、独特の芳香とコクがあります。焙煎の度合いによって色が濃く香りの強いものから、生で搾った透明のものまでさまざま。ごまの香りを前面に出したいときは色つきのものを、上品に仕上げたいときは「太白」を選びます。和風、中国風、韓国風のサラダに使います。

たとえば……
（写真左）p.33　中華風春雨サラダ
（写真右）p.93　カリフラワーとブロッコリーのナムル風

紅花油

紅花の種子から採れる油で、サフラワー油とも呼ばれます。クセも匂いもないので、この本ではサラダ油としての位置づけです。単独で使うことはあまりなく、オリーブオイルやヘーゼルナッツオイルと合わせ、オイルのクセや強さを和らげる役目を担っています。

たとえば……
（写真左）p.19　シーザーサラダ
（写真右）p.100　ベトナム風キャベツと文旦のサラダ

ヘーゼルナッツオイル

ヘーゼルナッツから採れる油で、ナッツ特有のビターな香ばしさが特徴。香りの強い野菜、ハーブ類、豆類のサラダによく合います。ほんの少し加えるだけでアクセントになり、個性的な味わいが生まれます。ヘーゼルナッツオイルのほか、クルミオイルを使うことも。

たとえば……
（写真左）p.54　ベビーリーフのサラダ
（写真右）p.69　春菊のサラダ

9 使う酢と油でテイストを変える

おいしさの基本

同じ素材、同じ切り方でサラダを作っても、
ドレッシングに使う酢（酸味）と油を変えるだけで、
味わいや印象の違うサラダになります。
その日の気分や献立、シチュエーションに合わせて
自由自在に変化を楽しみましょう。

◎たとえば……せん切りレタスのサラダ (p.52)

・洋食屋さん風
せん切りレタスを、レモン汁、オリーブオイル、フレンチマスタード、おろしにんにく、塩、砂糖で作ったレモン風味ドレッシングであえます。さらにレモンの皮のせん切りを加えます。

・コールスロー風
せん切りレタスを、マヨネーズ、塩、こしょうであえ、パセリのみじん切りも加えます。 

・ナムル風 
せん切りレタスを、米酢、ごま油、おろしにんにく、塩であえ、白炒りごまも加えます。

・イタリア風 
せん切りレタスを器に盛り、パルメザンチーズ（かたまり）を削ってのせ、オリーブオイルとバルサミコ酢を回しかけ、粗びき黒こしょうをふります。イタリアンパセリを添えます。

・和風 
せん切りレタスに青じそのせん切りを混ぜ、米酢、紅花油、しょうゆであえ、削り節を加えます。

10 おいしさの基本
サラダにアクセントを添える

左ページの「せん切りレタスのサラダ」のように、
レモンの皮、パセリ、粗びき黒こしょう、白炒りごま、削り節などを
ちょっぴり加えるだけで、サラダにアクセントがつきます。
彩りや香りをつける役割、味や食感に幅を出す役割を果たします。
ここでは、この本で登場する、プラスワン素材を紹介。

ナッツ
ローストしたクルミ、松の実、ピーナツなど。オーブントースターの天板に広げ、ときどき混ぜながら表面がうっすらときつね色になるまで焼きます。

カリカリもの
揚げエシャロット‥‥エシャロット1個は皮をむいて薄い輪切りにし、160℃くらいの揚げ油に入れ、ゆっくりときつね色に揚げる。
クルトン‥‥食パン（8枚切り・耳なし）1枚を1cm角に切り、オリーブオイル大さじ4で全体がきつね色になるまで揚げ焼きします。ペーパータオルの上に広げて油をきります。
ほかに、カリカリベーコン、干しえびなど。

ハーブ
洋風ならディル、シブレット、バジル、セルフィユ、パセリ、イタリアンパセリなど。アジア風なら香菜など。

チーズ
パルメザンチーズ（かたまり）をすりおろしたり、ペコリーノチーズを削ったり。

和の香り
みょうが、青じそ、ごま、焼きのり、万能ねぎ、削り節など。

スパイス
チリパウダー、カイエンペッパー、キャラウェイシード、クミンシード、パプリカパウダー、ガラムマサラ、黒粒こしょうなど。

11 コンビネーションサラダ

"いくつかの素材をとり合わせた"という意味をもつ、ちょっぴり懐かしいサラダ。レタス、セロリ、きゅうり、うどは、あらかじめドレッシングであえておくのがポイント。
好みでヤングコーン、ツナ、ポテトサラダなどを加えても。

材料／2〜3人分
レタス　3〜4枚
セロリ　1/2本
うど（あれば）　1/2本
きゅうり　1/2本
トマト　1個
ホワイトアスパラガス（缶詰）　4〜6本
ハム　4〜6枚
ゆで卵　1〜2個
パセリ　適量

玉ねぎドレッシング
　玉ねぎのみじん切り　大さじ1
　おろしにんにく　少々
　フレンチマスタード　小さじ1
　米酢　大さじ1
　塩　小さじ2/3
　こしょう　少々
　オリーブオイル　大さじ3
マヨネーズ（p.9参照）　適量

1 レタスはざっくりとちぎって冷水に放し、しっかりと水気をきる。セロリは筋をとり、うどは皮を厚くむき、3〜4cm長さの薄い短冊切りにし、水にさらして水気をきる。きゅうりも3〜4cm長さの薄い短冊切りにする。

2 トマトは皮を湯むきし、くし形に切る。ホワイトアスパラガスは缶汁をきる。

3 玉ねぎドレッシングを作る。ボウルにオリーブオイル以外の材料を入れてよく混ぜ合わせ、オリーブオイルを少しずつ加えて乳化するまでよく混ぜる。

4 レタス以外の**1**をボウルに入れ、**3**のドレッシングであえ、レタスも加えてあえる。

5 器に**2**、**4**、ハム、半分に切ったゆで卵を盛り合わせ、パセリとマヨネーズを添える。

レタスはざっくりと大きくちぎる。手でちぎったほうがドレッシングが絡みやすい。

トマトは頭に十字の切り込みを浅く入れ、ヘタの部分にフォークを刺し、熱湯に入れる。皮がめくれてきたら冷水にとり、ヘタをとって皮をむく。

玉ねぎドレッシングは、まずはオリーブオイル以外の材料をよく混ぜ合わせ、そのあとオリーブオイルを加えて仕上げる。

玉ねぎドレッシング。基本のフレンチドレッシング同様、生野菜を食べるときの必須アイテム。

ボウルにセロリ、きゅうり、うどを入れ、玉ねぎドレッシングを加えて手であえ、レタスも加えてあえる。

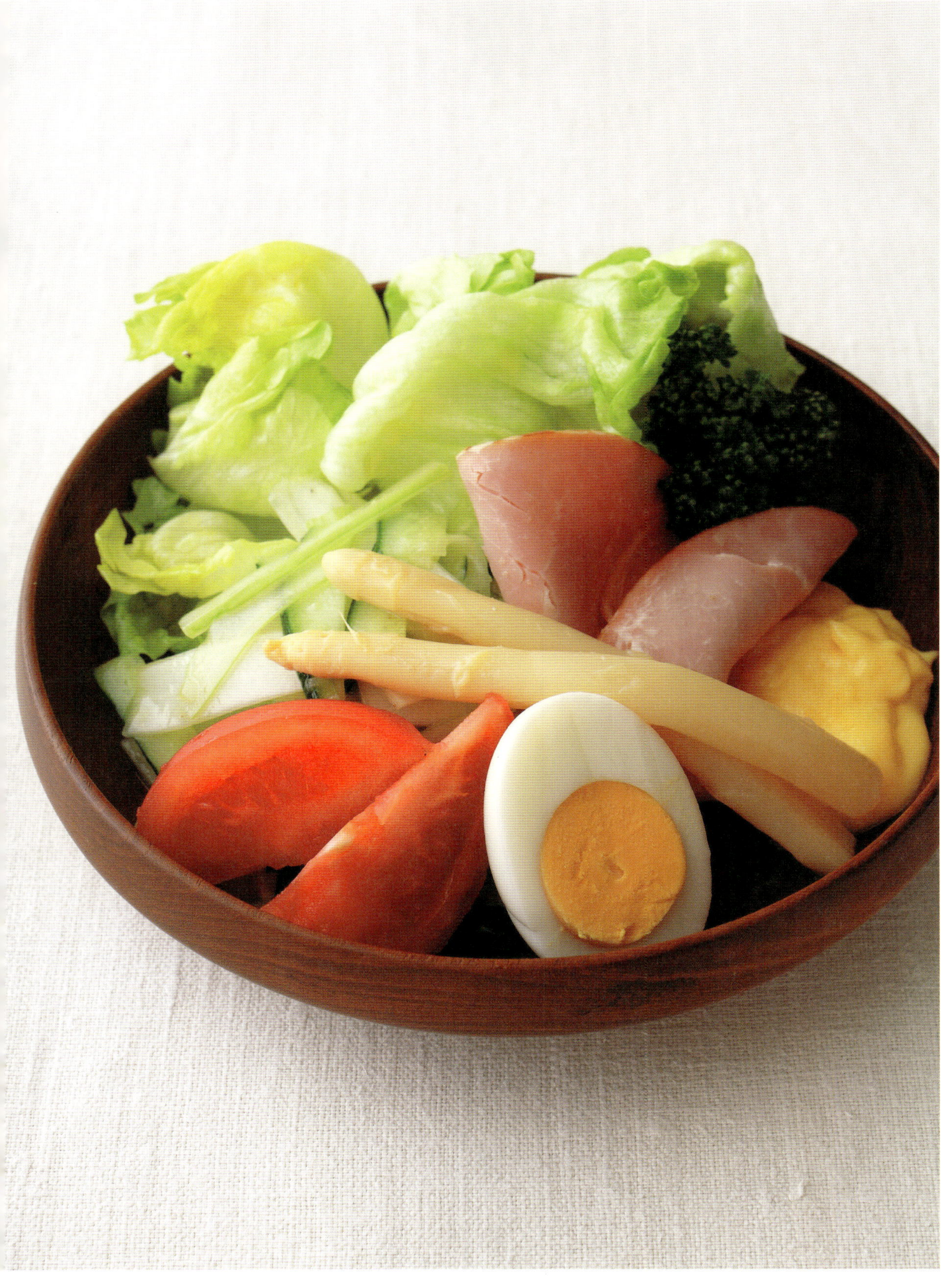

12 ニース風サラダ

黒オリーブ、トマト、ゆで卵、ツナ、アンチョビーを使うのが特徴。ここではドレッシングにアンチョビーを用い、パンチのある味に仕上げます。おかずサラダとして、また、キリリと冷えた白ワインとともに楽しみます。

材料／2〜3人分
サラダ菜　5〜6枚
ミディトマト　2個
ツナ缶　大1缶
ゆで卵　1個
さやいんげん　4〜5本
じゃがいも　2個
黒オリーブ　7〜8粒

アンチョビードレッシング
　アンチョビー　40g
　にんにくのみじん切り
　　1/2かけ分
　白ワインビネガー　小さじ2
　こしょう　少々
　オリーブオイル　大さじ3

1　サラダ菜は冷水に放し、しっかりと水気をきる。ミディトマトはヘタをとって縦4等分に切る。ツナは大きめにほぐし、ゆで卵は縦4〜6等分に切る。

2　さやいんげんは塩少々（分量外）を加えた熱湯でゆで、ザルに広げて軽く塩（分量外）をふって冷まし、4〜5cm長さに切る。じゃがいもは皮つきのままゆで、熱いうちに皮をむいてひと口大に切る。

3　アンチョビードレッシングを作る。アンチョビーは包丁でたたいて細かくし、ボウルに入れ、にんにく、白ワインビネガー、こしょう、オリーブオイルを加えて混ぜ合わせる。

4　器に**1**と**2**、黒オリーブを彩りよく盛り、**3**のドレッシングをかける。

ツナはフレーク状ではないものを用い、大きめにほぐす。

アンチョビードレッシングのアンチョビーは粗みじんに切る。

粗みじんに切ったアンチョビーとにんにく、白ワインビネガー、こしょう、オリーブオイルを混ぜ合わせてドレッシングに。

アンチョビードレッシング。これでニース風のテイストになる。

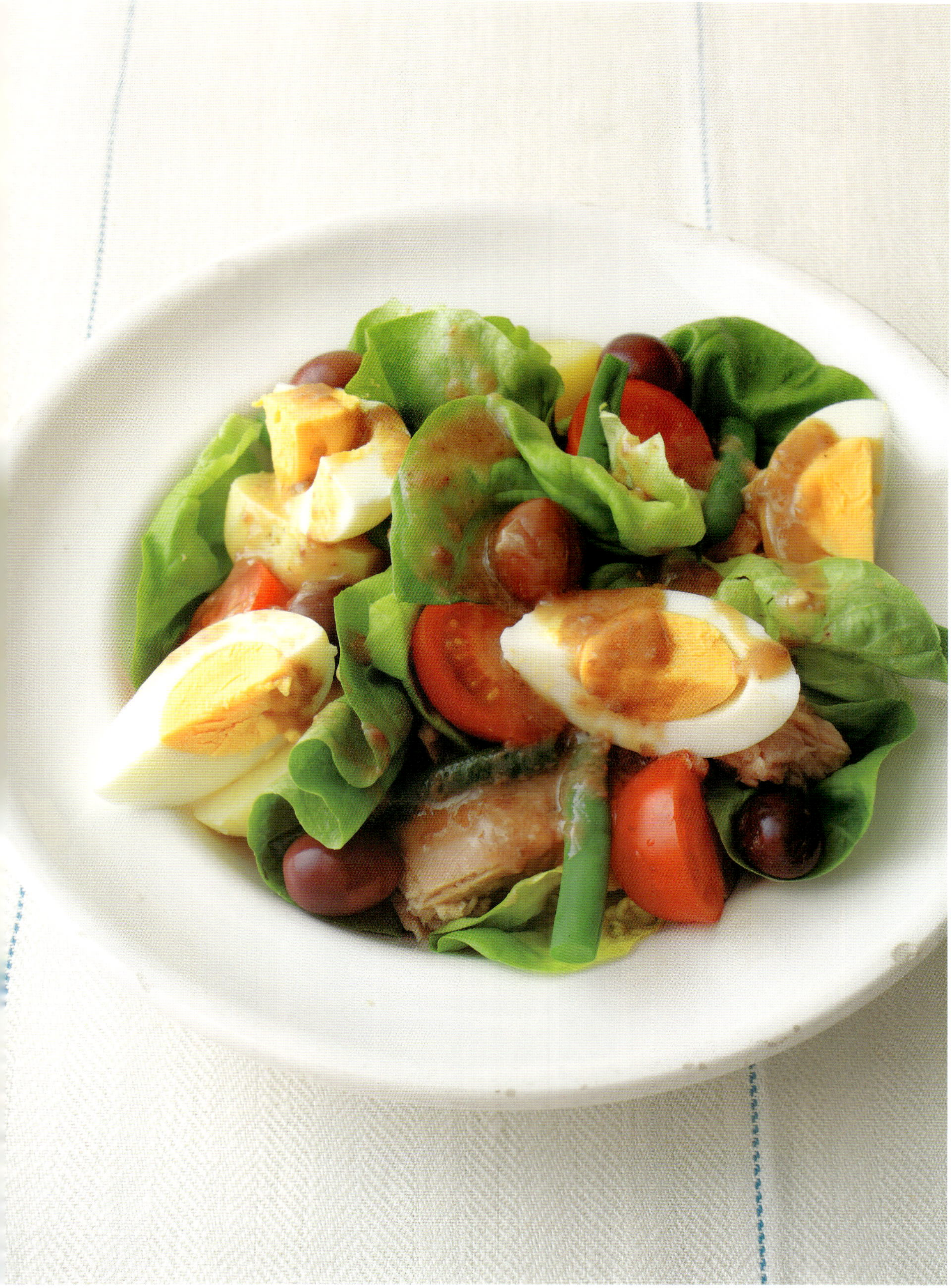

13 マセドアンサラダ

フランス語でマセドアン＝さいの目切り。
数種類の野菜をころころに切ったサラダです。
じゃがいも、にんじん、きゅうり……、おなじみの野菜で作ります。

材料／2～3人分
じゃがいも　2個
にんじん　½本
きゅうり　1本
セロリ　1本
グリンピース（さやなし）　50g
ハム　4枚
レモン汁　小さじ½
塩　小さじ⅓
こしょう　少々
オリーブオイル　小さじ2
マヨネーズ（p.9参照）　大さじ3

1 じゃがいもは皮つきのままゆで、熱いうちに皮をむいて1cm角に切る。にんじんは皮をむいて1cm角に切り、やわらかくゆでる。きゅうりは1cm角に切り、セロリは筋をとって1cm角に切る。グリンピースは塩少々（分量外）を加えた熱湯でゆで、冷水にとって水気をきる。ハムは1cm四方に切る。

2 ボウルに**1**を入れ、レモン汁、塩、こしょう、オリーブオイルを加えて下味をつけ、マヨネーズを加えてあえる。

シーザーサラダ

パリパリッとした食感のロメインレタスを楽しむサラダ。
にんにく、アンチョビー、卵黄、ウスターソースなどで作る
シーザードレッシング、カリカリのクルトンとベーコン、
パルメザンチーズが、絶妙の取り合わせです。

14

材料／2〜3人分
- ロメインレタス　1個
- ベーコン（薄切り）　2枚
- シーザードレッシング
  - にんにく　1かけ
  - 卵黄　2個分
  - 塩　小さじ1/2
  - レモン汁　大さじ1 1/2
  - 白ワインビネガー　小さじ1
  - フレンチマスタード　小さじ2
  - アンチョビー（たたいたもの）　6g
  - ウスターソース　小さじ1
  - 紅花油　80ml
  - パルメザンチーズ（おろしたもの）　大さじ2
- クルトン（p.13参照）　適量
- パルメザンチーズ（おろしたもの）　適量
- 粗びき黒こしょう　適量

1　ロメインレタスは1枚ずつはがし、水に放してパリッとさせ、しっかりと水気をきる。

2　ベーコンは1cm四方に切り、油をひかないフライパンでカリカリに炒め、脂をきる。

3　シーザードレッシングを作る。すり鉢などににんにくを入れてつぶし、卵黄を加えてつぶしながら混ぜ、塩、レモン汁を加えてさらに混ぜる。白ワインビネガー、フレンチマスタード、アンチョビーを加えてすり混ぜ、ウスターソースを加えてさらに混ぜる。紅花油を少しずつ加えてとろりとするまで混ぜ合わせ、パルメザンチーズを加えて混ぜる。

4　器にロメインレタスを盛り、ベーコンとクルトンを散らし、パルメザンチーズをふる。3のドレッシングをかけ、粗びき黒こしょうをふる。

シーザードレッシング。濃厚な味わいがロメインレタスによく合う。

15 コールスローサラダ

キャベツのおいしさが引き立つ、シンプルドレッシング仕上げ。
サンドイッチやホットドッグのフィリング、肉料理のつけ合わせにも。

材料／2～3人分
キャベツ　½個
にんじん　½本
玉ねぎ　⅓個
砂糖　小さじ1
こしょう　少々
白ワインビネガー　大さじ1
オリーブオイル　大さじ3

1 キャベツはせん切りにし、にんじんは皮をむいてせん切りにする。玉ねぎは薄切りにする。
2 ボウルに **1** を入れ、塩小さじ½（分量外）を混ぜて少しおき、手でもんで水気を絞る。
3 **2** に砂糖、こしょう、白ワインビネガー、オリーブオイルを加え、手でよくあえ、そのまま1時間ほどおいて味をなじませる。

16 玉ねぎとスモークサーモンのサラダ

スモークサーモンと相性のよいディルとケイパーを入れた
香りのよい1品。スモークサーモンの代わりに生ハムを使ってもOK。

材料／2〜3人分
玉ねぎ　1個
スモークサーモン　100g
レモン汁　小さじ2
白ワインビネガー　小さじ2
オリーブオイル　大さじ3
ケイパー　大さじ3
こしょう　少々
ディル　8枝
レモン　適量

1　玉ねぎは薄切りにし、塩小さじ1/2（分量外）をまぶして少しおき、しんなりしたら水気を絞る。
2　ボウルに**1**とスモークサーモンを合わせ、レモン汁、白ワインビネガー、オリーブオイルを加えて混ぜ、ケイパー、こしょうを加える。
3　**2**にディルの葉先を摘んで加え、ざっとあえ、器に盛ってレモンを添える。

トマトとモッツァレラチーズのサラダ

トマトとモッツァレラチーズをバジルソースであえた、カプレーゼの進行形。フレッシュバジルで作るソースは美味。

材料／2～3人分
ミディトマト　3～4個
モッツァレラチーズ　1個
バジルソース（作りやすい分量）
　バジル　20g
　松の実（ローストしたもの）　10g
　オリーブオイル　大さじ4
　塩　小さじ2/3
　にんにく　1/4かけ
　レモン汁　小さじ2
松の実（ローストしたもの）　少々

1　ミディトマトはヘタをとって縦半分に切る。モッツァレラチーズは1cm厚さに切る。
2　バジルソースを作る。バジルの葉を摘んでフードプロセッサーに入れ、ほかの材料をすべて加えて撹拌し、ピュレ状にする。
3　ボウルにモッツァレラチーズを入れ、**2**を適量加えてあえ、ミディトマトを加えてざっと混ぜ合わせる。
4　器に盛り、松の実を散らす。

松の実は、オーブンシートを敷いた天板にのせ、オーブントースターで5分ほどローストする。

バジルソースの材料をフードプロセッサーに入れ、なめらかになるまで撹拌する。

バジルソース。作りたての香りが一番だが、密閉容器に入れて冷蔵庫で保存しても。4～5日で使いきる。

材料／2〜3人分
カリフラワー　1/4個
ブロッコリー　1/4個
かぶ　1〜2個
スナップえんどう　2本
アスパラガス　1本
新じゃがいも　2個
バーニャカウダソース
（作りやすい分量）
　アンチョビー　40g
　にんにく　5〜6かけ
　オリーブオイル　140mℓ
　生クリーム　1/2カップ

1　カリフラワー、ブロッコリー、かぶは食べやすい大きさに切る。スナップえんどうは筋をとり、アスパラガスは根元のかたい部分の皮をむく。それぞれ塩少々（分量外）を加えた熱湯でゆで、ザルに広げて水気をきる。じゃがいもは皮つきのまま水からゆでる。
2　バーニャカウダソースを作る。アンチョビーは包丁でたたいてペースト状にする。にんにくは縦半分に切り、ひたひたの牛乳（分量外）でやわらかくなるまで煮、汁気をきってザルで漉す。
3　2とオリーブオイルを鍋に入れ、弱火で2〜3分煮、生クリームを加えて混ぜる。
4　1の野菜を器に盛り、アスパラガス、スナップえんどう、じゃがいもは好みで半割りにする。**3**のソースを添える。

にんにくは牛乳でやわらかくなるまで煮、漉してピュレ状にして使う。

バーニャカウダソース。本来は生野菜をスティック状に切って添える。

温野菜のサラダ・バーニャカウダソース

バーニャカウダソースは、にんにくとアンチョビー、オリーブオイルがベースの、イタリアの温かいソース。温野菜ともよく合います。

18

19 たことセロリのサラダ

相性のよいたこ&セロリを、ラビゴットソースであえます。
熱したにんにくオイルをたこにかけておくのが、
おいしさのポイント。
たこのほか、えび、いか、貝柱、白身魚の刺し身などを使っても。

材料／2〜3人分
ゆでだこ　150g
にんにく　1かけ
オリーブオイル　大さじ2
セロリ　2本
ラビゴットソース
　玉ねぎ　1/8個
　ケイパー　大さじ2
　セルフィユ　1束
　パセリのみじん切り　大さじ2
　白ワインビネガー　小さじ2
　塩、こしょう　各少々
　オリーブオイル　大さじ4

1　たこは1cm幅のそぎ切りにし、ボウルに入れる。
2　にんにくはみじん切りにし、オリーブオイルとともにフライパンに入れて火にかけ、きつね色になって香りが出たら1のたこにかける。
3　セロリは筋をとってめん棒などでたたき、2cm厚さに切る。塩少々(分量外)をふって手で軽くもむ。
4　ラビゴットソースを作る。玉ねぎ、ケイパー、セルフィユ、パセリはすべて細かいみじん切りにし、ボウルに入れ、白ワインビネガー、塩、こしょう、オリーブオイルを加えて混ぜ合わせる。
5　2のボウルに水気をきった3のセロリを加え、4のラビゴットソースを加えてざっとあえる。

香ばしいにんにくオイルをにんにくごと、たこにジュッとかける。これが下味になっておいしさも倍増。

セロリはめん棒などでたたいて繊維を壊す。ラビゴットソースの味が絡みやすくなる。

ラビゴットソースの材料はすべて細かく刻む。ケイパーの酸味がおいしさを後押しする。

ラビゴットソース。野菜のみじん切りが入った、さわやかな香りのソース。

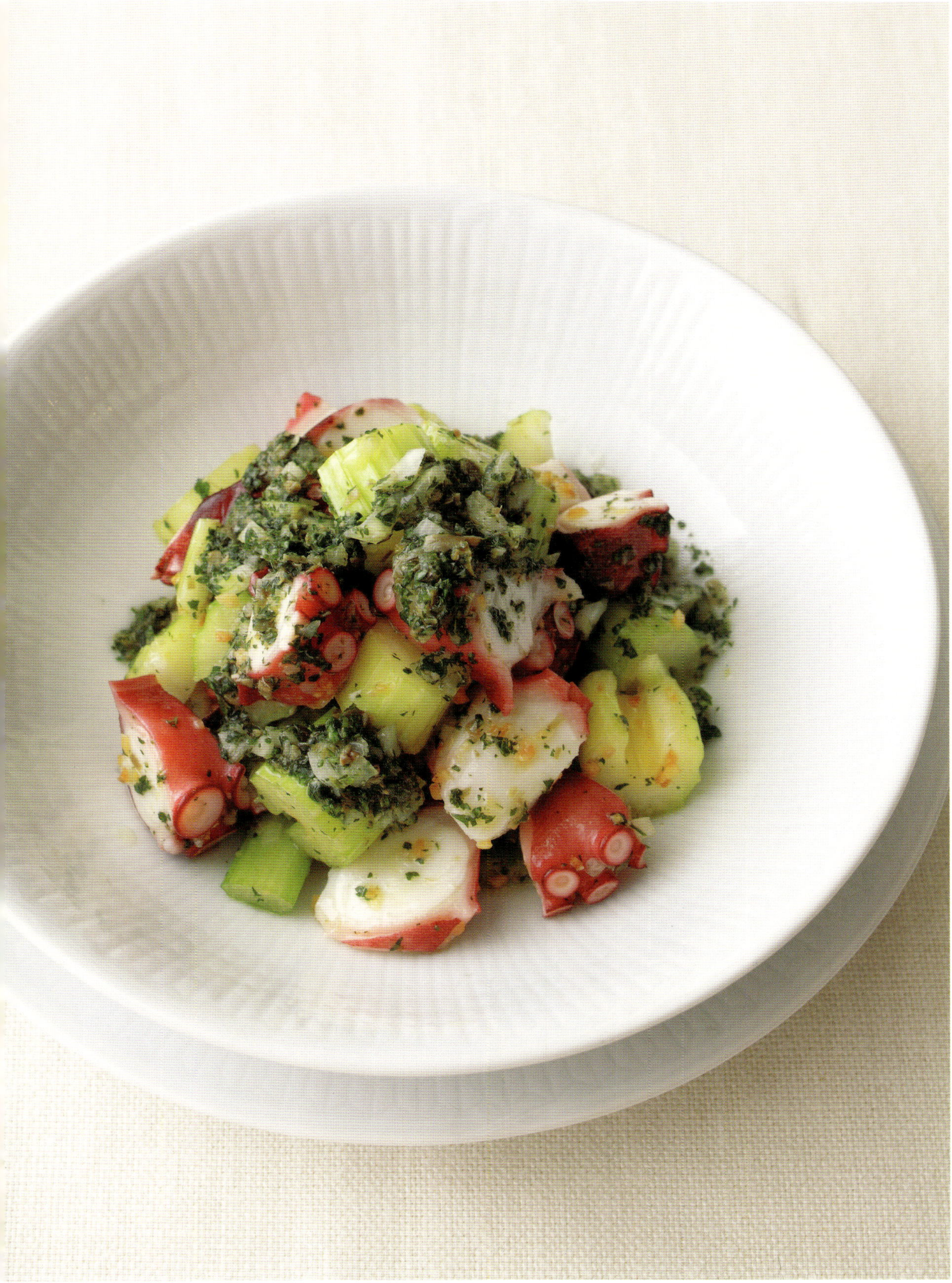

20 かにのトマトファルシサラダ

かにとセロリのサラダをトマトに詰めた、トマトの丸ごとサラダ。
トマトはひと手間かけて皮を湯むきすると、おいしさがグンとアップ。
マヨネーズをベースにしたクリーミーなドレッシングがよく合います。

材料／2〜3人分
トマト　3個
セロリ　¼本
玉ねぎ　⅛個
かに（正味）　100g
マヨネーズ（p.9参照）　大さじ2
クリーミードレッシング
　マヨネーズ（p.9参照）　大さじ2
　レモン汁　小さじ1
　フレンチマスタード　小さじ1
　塩　小さじ½
　こしょう　少々
　オリーブオイル　大さじ2

1　トマトは皮を湯むきし（p.14参照）、ヘタから1cmくらいを切り落とし、外側の果肉を残しながら、種の部分をくりぬく。
2　セロリと玉ねぎは5mm角に切り、塩少々（分量外）をふって手でもむ。かにはほぐす。これらをボウルに合わせ、マヨネーズであえる。
3　1のトマトの中に2を詰め、トマトの頭を上にして器に盛る。
4　クリーミードレッシングの材料を混ぜ合わせ、3にかける。

クリーミードレッシング。生野菜のサラダによく合う。

トマトにナイフを入れると、かにとセロリのサラダがお目見え。

21 えびとアボカドのサラダ

えびのうまみとプリッとした食感を味わいたいから、えびは殻つきのままさっとゆでてから殻をむきます。香りのよい自家製オーロラソースであえるのがおすすめ！

材料／2〜3人分
大正えび（無頭、殻つき）　6尾
アボカド　1個
玉ねぎ　⅛個
自家製オーロラソース
　マヨネーズ（p.9参照）　大さじ3
　トマトケチャップ　小さじ2
　レモン汁　小さじ2
　ウスターソース　小さじ½
　ブランデー　少々
　塩　小さじ⅓
　こしょう　少々

1　えびは背ワタをとり、殻つきのままさっとゆでる。殻をむいて食べやすい大きさに切る。
2　アボカドは皮と種をとり、2〜3cm角に切る。玉ねぎはみじん切りにする。
3　ボウルに自家製オーロラソースの材料を入れて混ぜ合わせ、**1**と**2**を加えてあえる。
4　器に盛り、セルフィユ（分量外）を添える。

自家製オーロラソースは、ウスターソースやブランデーを入れた深みのある味わい。

22 小えびフライのサラダ

サクッと揚がったフライ&タルタルソースを
葉野菜と組み合わせた、おかずサラダです。
葉野菜は2種を使い、味と食感の違いを楽しみます。

材料／2〜3人分
むきえび　100g
塩、こしょう　各少々
小麦粉、溶き卵、パン粉　各適量
揚げ油　適量
レタス　2〜3枚
サラダ菜　小1個
タルタルソース
　ゆで卵　1個
　玉ねぎ　1/8個
　きゅうりのピクルス　2本
　マヨネーズ (p.9参照)　大さじ2 1/2
　ウスターソース　小さじ1/3
　塩　小さじ1/3
　こしょう　少々

1 むきえびは水気を拭き、軽く塩、こしょうをふる。小麦粉、溶き卵、パン粉の順に衣をつけ、高温の揚げ油できつね色になるまで揚げる。

2 レタス、サラダ菜は大きくちぎって冷水に放し、しっかりと水気をきる。

3 タルタルソースを作る。ゆで卵、玉ねぎ、ピクルスはそれぞれみじん切りにしてボウルに入れ、マヨネーズ、ウスターソース、塩、こしょうで調味する。

4 器に**2**を盛って**1**をのせ、タルタルソースをかける。

タルタルソース。ウスターソースを隠し味に入れるのがポイント。

発芽玄米のライスサラダ

トマト、きゅうり、玉ねぎ、卵、ツナ……、
彩りと食感を考えたライスサラダは飽きないおいしさ。
圧力鍋で炊いた玄米ごはんで作ってもおいしい。

材料／2〜3人分
発芽玄米ごはん（温かいもの）※
　茶碗2杯分
玉ねぎ　1/4個
きゅうり　1本
セロリ　1本
トマト　1個
ゆで卵　2個
ツナ缶　大1/2缶
グリーンオリーブドレッシング
　グリーンオリーブ　60g
　ケイパー　大さじ2
　フレンチマスタード　小さじ2
　レモン汁　大さじ2
　オリーブオイル　大さじ4
　塩　小さじ1
　こしょう　少々

※発芽玄米ごはんの炊き方‥‥軽く洗い、白米と同様の水加減で炊く。

1　玉ねぎ、きゅうり、セロリは1cm角に切り、トマトは1.5cm角に切る。ゆで卵は大きめのざく切りにし、ツナは油をきる。

2　グリーンオリーブドレッシングを作る。グリーンオリーブ、ケイパーは細かく刻み、ボウルに入れる。フレンチマスタード、レモン汁、オリーブオイルを加えて混ぜ合わせ、塩、こしょうで味を調える。

3　発芽玄米ごはんはバットなどに広げて5分ほどおき、水分を少し飛ばす。

4　ボウルに**1**と**3**を合わせ、**2**のドレッシングを加えてざっくりと混ぜる。

グリーンオリーブドレッシング。グリーンオリーブとケイパー、オリーブオイルベース。

24 マカロニサラダ

きゅうりと玉ねぎ、卵を入れただけのシンプルなレシピ。
手作りマヨネーズ（p.9参照）で仕上げると、やさしい味わい。
その前にオリーブオイルであえて
コーティングしておくのがポイントです。

材料／2～3人分
マカロニ　100ｇ
きゅうり　1本
玉ねぎ　1/4個
ゆで卵　1個
塩、こしょう　各適量
オリーブオイル　小さじ1
マヨネーズ（p.9参照）
　　大さじ6～7

1 マカロニは塩少々（分量外）を加えた熱湯でゆで、ザルに上げて水気をきる。
2 きゅうりは縦半分に切り、斜め薄切りにする。玉ねぎは薄切りにする。それぞれに軽く塩（分量外）をふり、手でもんで水気を絞る。
3 ゆで卵は粗めに刻む。
4 ボウルに **1**、**2** を入れ、塩、こしょうをふり、オリーブオイルを加えて混ぜる。ゆで卵とマヨネーズを加え、全体にさっくりとあえる。

玉ねぎはボウルに入れて塩をふり、手でもんで水気を絞る。きゅうりも同様、このひと手間でおいしさが違ってくる。

まずは、マカロニ、きゅうり、玉ねぎをボウルに入れ、塩、こしょう、オリーブオイルを加えてあえる。

ゆで卵とマヨネーズを加えてあえる。ここでは手作りのマヨネーズを使うが、市販のものでもよい。

パンにはさんでマカロニサラダサンドにするのもおすすめ。

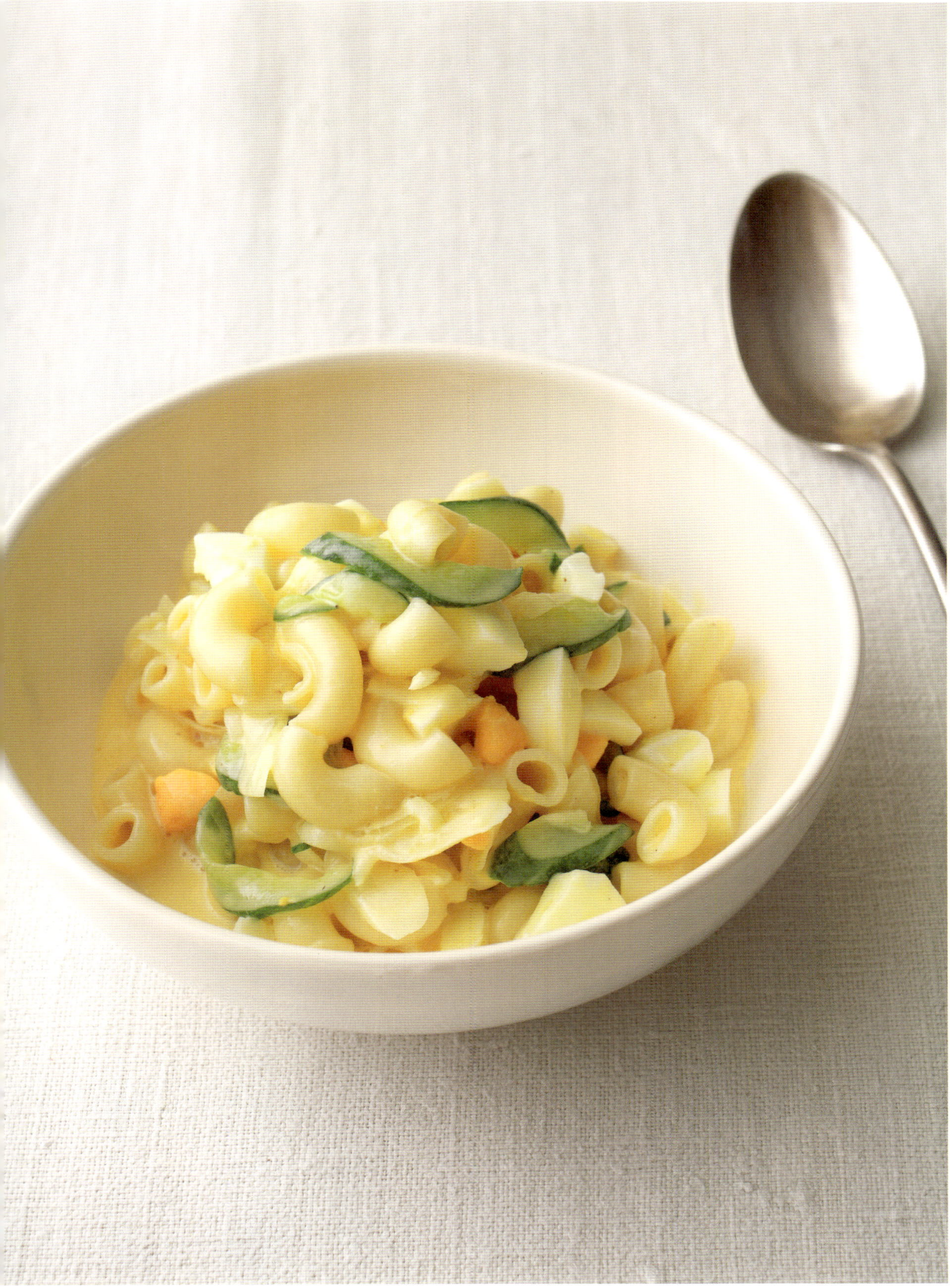

25 カレー風味のパスタサラダ

ツナとカレー粉を使うと、ちょっぴり懐かしい味わい。
ここでは味が絡みやすいように、らせん状パスタのフジッリを用いましたが、
ほかのパスタでもOK。お弁当のおかずにもおすすめです。

材料／2～3人分

フジッリ　100g
ツナ缶　大1/2缶
玉ねぎ　1/4個
さやいんげん　10本
米酢　小さじ2
塩、こしょう　各少々
オリーブオイル　大さじ1
マヨネーズ (p.9参照)　大さじ8
カレー粉　小さじ1

1　フジッリは塩少々（分量外）を加えた熱湯でゆで、ザルに上げて水気をきる。
2　ツナは油をきり、玉ねぎはみじん切りにする。さやいんげんは塩少々（分量外）を加えた熱湯でゆで、ザルに広げて軽く塩（分量外）をふって冷まし、1cm幅に切る。
3　ボウルにフジッリと**2**を入れ、米酢、塩、こしょう、オリーブオイルの順に加えて混ぜる。
4　マヨネーズとカレー粉を混ぜ合わせ、**3**に加えてあえる。

26 中華風春雨サラダ

ツルツルッとした食べ心地が人気の、定番おかずサラダ。
春雨はシコシコとした食感が残る程度に戻します。

材料／2〜3人分
春雨　60g
きゅうり　1本
ハム　3枚
きくらげ　4g
卵　2個
塩　少々
米酢　大さじ2
しょうゆ　大さじ2½
砂糖　大さじ1⅓
ごま油　大さじ2

1　春雨は熱湯に10分ほどつけて戻し、水洗いしてから水気をしっかりときり、食べやすい長さに切る。
2　きゅうりは縦半分に切り、斜め薄切りにする。ハムは5mm幅の細切りにし、きくらげは水につけて戻し、かたい石づきの部分をとって細切りにする。
3　卵は割りほぐして塩を加える。油をひかないフライパンに流して薄焼き卵を数枚焼く。粗熱がとれたら細切りにする。
4　ボウルに米酢、しょうゆ、砂糖を入れて混ぜ、ごま油を加えて混ぜ合わせ、1を入れてあえる。2、3の順に加えて混ぜ合わせる。

27 中華風刺し身サラダ

せん切り野菜をたっぷり入れた、おなじみのサラダ。
カリッと揚げたにんにくとワンタンの皮、カシューナッツが
アクセント。米酢ではなくレモン汁を使って
香りよく仕上げるのがポイントです。

材料／2～3人分
白身魚（鯛、ひらめなど）の刺し身　1さく（200g）
大根　7cm
セロリ　1本
にんじん　½本
香菜　1束
にんにく　1かけ
ワンタンの皮　8枚
揚げ油　適量
カシューナッツ　60g
しょうゆ　大さじ4
レモン汁　大さじ1
ごま油　大さじ4

1　大根は6～7cm長さのせん切りにする。セロリは筋をとり、にんじんは皮をむき、それぞれ6～7cm長さのごく細いせん切りにする。香菜はざく切りにする。
2　にんにくは薄切りにする。ワンタンの皮は細切りにする。
3　フライパンに揚げ油を熱し、にんにくを入れてきつね色に揚げ、とり出す。次にカシューナッツを入れて揚げ、とり出す。続いてワンタンの皮を入れ、きつね色に揚げてとり出す。カシューナッツは粗く刻む。
4　刺し身はそぎ切りにする。
5　ボウルにしょうゆ、レモン汁、ごま油を入れて混ぜ合わせ、1と4を加えてあえる。カシューナッツ、ワンタンの皮、にんにくを加えてざっくりとあえる。

野菜はせん切りにする。にんじんとセロリはごく細いほうが味が絡んでおいしい。

まずはにんにくを揚げ、にんにくの香りが移った油でカシューナッツとワンタンの皮を揚げる。

刺し身はそぎ切りにする。白身魚は好みのものでOK、まぐろでもよい。

味つけはしょうゆ、レモン汁、ごま油。レモンの代わりにかぼすやゆずを使っても。

35

28 豚しゃぶサラダ

さっとゆでた豚しゃぶしゃぶ肉と生野菜の相性は二重丸。
みょうが、青じそなど、和のハーブをたっぷり入れて仕上げます。

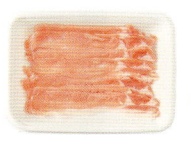

材料／2〜3人分

豚薄切り肉（しゃぶしゃぶ用）　200g
レタス　2〜3枚
青じそ　10枚
紫玉ねぎ　¼個
みょうが　1個

ごまドレッシング
　白炒りごま　大さじ2
　米酢　大さじ1
　レモン汁　小さじ1
　しょうゆ　大さじ2½
　ごま油　大さじ1½
　砂糖　大さじ1
　塩　小さじ¼
　おろしにんにく　⅓かけ分

1　鍋にたっぷりの湯を沸かし、豚肉を1枚ずつ入れてさっとゆで、冷水にとって水気をきる。
2　レタスと青じそはせん切りにし、紫玉ねぎは薄切りにし、みょうがは小口切りにする。合わせて冷水に放し、シャキッとしたらしっかりと水気をきる。
3　ごまドレッシングを作る。すり鉢にごまを入れ、油が出てしっとりとするまでよくすり、ほかの材料を加えて混ぜ合わせる。
4　器に**2**を盛り、**1**をのせる。ごまドレッシングをかける。

ごまの香りとコクが持ち味の、ごまドレッシング。おろしにんにくをほんの少し利かせる。

29 豆腐と揚げじゃこのサラダ

ごま油でカリカリに炒めたじゃこと長ねぎが、ドレッシング代わり。
これが豆腐によく合う！　和のサラダならではのおいしさです。

材料／2～3人分
木綿豆腐　1丁
せり　1束
クレソン　1束
三つ葉　1束
長ねぎ　½本
ごま油　大さじ3
じゃこ　30g
レモン汁　大さじ1
しょうゆ　大さじ2

1　豆腐はひと口大に切る。
2　せり、クレソンは葉先を摘み、三つ葉は3～4cm長さに切る。合わせて水に放し、しっかりと水気をきる。
3　長ねぎは斜め薄切りにしてボウルに入れる。
4　フライパンにごま油を熱してじゃこを入れ、カリカリになるまで炒め、油ごと3のボウルに加えて混ぜる。レモン汁としょうゆで味を調える。
5　器に1と2を盛り、4をたっぷりとかける。

カリカリに炒めたじゃこを油ごと長ねぎにジャッとかける。アツアツをかけるのがコツ。

30 ミモザサラダ

裏漉しした卵の黄身がミモザのように見えることから名づけられたサラダ。好みでカリカリベーコンやクルトン、パセリのみじん切りを散らしても。

材料／2〜3人分
ゆで卵　1個
レタス　3〜4枚
にんにく風味ドレッシング
　おろしにんにく　少々
　赤ワインビネガー　小さじ2
　フレンチマスタード　小さじ1
　塩　小さじ½
　こしょう　少々
　オリーブオイル　大さじ3

1　レタスは大きめにちぎって冷水に放し、水気をしっかりときる。
2　ゆで卵は白身と黄身に分け、別々に漉す。
3　にんにく風味ドレッシングを作る。ボウルにオリーブオイル以外の材料を入れてよく混ぜ、オリーブオイルを少しずつ加えて混ぜ合わせる。
4　ドレッシングの入った3のボウルに1を入れてあえ、白身と黄身の半量も加えて混ぜる。
5　4を器に盛り、残りの白身と黄身を散らす。

卵は黄身と白身に分け、それぞれ裏漉しする。木ベラを使うとよい。

にんにく風味ドレッシング。基本のフレンチドレッシング（p.8）におろしにんにくを少し加えたもの。

31 スタッフドエッグのサラダ

ゆで卵の黄身にマヨネーズを混ぜたフィリングを、
白身のカップに絞り出します。
絞り出し袋に入れてきれいに絞ると、見た目に美しく、食欲をそそります。

材料／2〜3人分
ゆで卵　2個
マヨネーズ（p.9参照）　大さじ2
塩、こしょう　各少々
スタッフドオリーブ　2個

1　ゆで卵は横半分に切り、黄身をとり出す。黄身だけをボウルに入れてフォークでていねいにつぶし、マヨネーズ、塩、こしょうを加えてあえる。
2　1を口金をつけた絞り出し袋に入れ、白身の凹みに絞り出す。
3　器に盛り、スタッフドオリーブの薄切りをのせ、パセリ（あれば。分量外）を添える。

32 ゆで卵のサラダ

ざっくりと割ったゆで卵に、玉ねぎとピクルス、貝割れ菜でアクセントをつけます。
ついおかわりしたくなる、素朴で家庭的な味わいのエッグサラダです。

材料／2〜3人分
ゆで卵　6個
玉ねぎ　1/4個
きゅうりのピクルス　5本
貝割れ菜　1パック
マヨネーズ(p.9参照)　大さじ6
塩、こしょう　各少々
サラダ菜　適量

1　ゆで卵は大きめのざく切りにする。玉ねぎ、ピクルスはみじん切りにする。貝割れ菜は根元を切り落とし、葉先と軸に分け、軸は1cm長さに切る。

2　ボウルにゆで卵、玉ねぎ、ピクルス、貝割れ菜の軸を入れ、マヨネーズであえ、塩、こしょうで味を調える。

3　器にサラダ菜を敷いて 2 を盛り、貝割れ菜の葉先を散らす。

33 ポーチドエッグとアスパラガスのサラダ

とろりとした卵の黄身が絡まったアスパラガスが美味。
黄身のかたさは好みで調整します。

材料／2〜3人分
卵　1個
アスパラガス　8本
オリーブオイル　適量
白ワインビネガー　小さじ2
塩、粗びき黒こしょう　各適量

1　アスパラガスは根元のかたい部分の皮をむく。オリーブオイル小さじ2を熱したフライパンで転がしながらじっくりと焼き、塩少々をふる。
2　卵は小さい容器に割り入れる。鍋に湯3カップを沸かし、米酢大さじ1（分量外）を加え、卵を静かに落とし入れる。卵白をまとめるようにして形を整え、半熟程度に火が通ったら氷水にとり、ペーパータオルの上に引き上げて水気をとる。
3　器に**1**を盛り、白ワインビネガーとオリーブオイル大さじ1をふりかけ、**2**をのせる。塩、粗びき黒こしょう各適量をふる。

鍋に湯3カップを沸かし、米酢を大さじ1程度加えると、卵がかたまりやすい。

卵白を卵黄にかぶせるようにしながらまとめ、半熟状態のポーチドエッグを作る。

34 ベーシックなポテトサラダ

じゃがいもには熱いうちに下味をつけておく、
きゅうりと玉ねぎはあらかじめ水分を出しておく、
これがポイント。
じゃがいもは粘質で煮くずれしにくいメークインを使います。

材料／2〜3人分
じゃがいも　3個
きゅうり　1本
玉ねぎ　¼個
にんじん　5cm
ハム　4枚
オリーブオイル　大さじ1
塩、こしょう　各少々
米酢　小さじ2
マヨネーズ（p.9参照）
　大さじ6〜7

1　じゃがいもは皮つきのまま水からゆで、竹串がスーッと通るくらいになったらザルに上げる。熱いうちに皮をむき、ボウルに入れて粗めにつぶす。

2　1がまだ熱いうちにオリーブオイル、塩、こしょう、米酢の順に加えて混ぜ、下味をつける。

3　きゅうりは小口切りにして塩少々（分量外）をふって手でもみ、水気をしっかりと絞る。玉ねぎは薄切りにして塩水につけ、水気をしっかりと絞る。にんじんは皮をむいて2〜3mm厚さのいちょう切りにし、さっとゆでて水気をきる。ハムは1cm四方に切る。

4　2のじゃがいもに3を加え、マヨネーズを入れて混ぜ合わせる。

じゃがいもは水からゆでるのが鉄則。蒸し器で蒸してもよい。

熱いうちにめん棒やすりこ木などで粗くつぶす。好みでよい。

オリーブオイル、塩、こしょう、米酢の順に加えて下味をつける。これで味のノリがよくなる。

きゅうりは塩をふって手でもみ、ギュッと絞る。仕上がりが水っぽくならないためのひと手間。

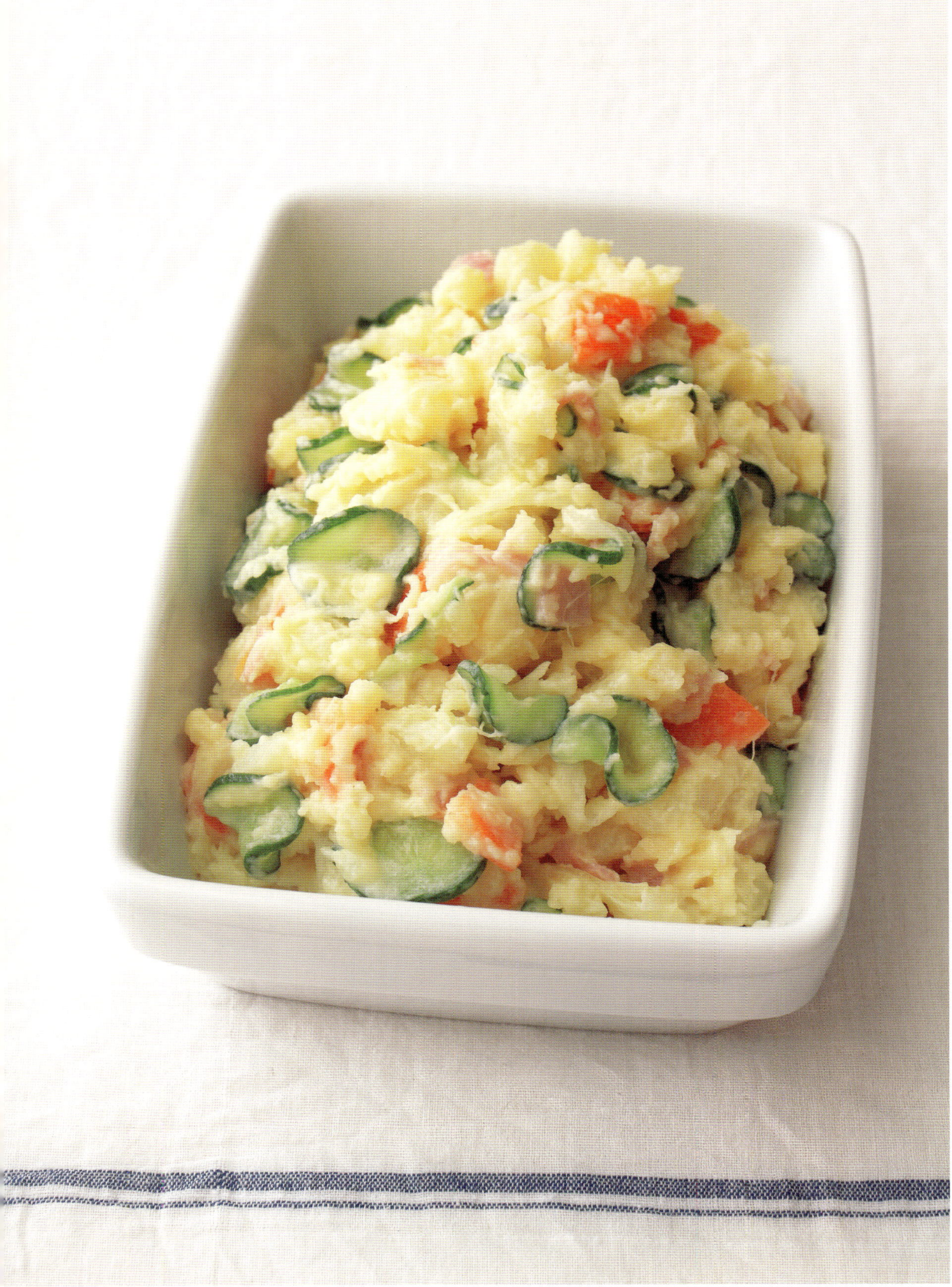

35 かにとそら豆のポテトサラダ

ホクホクのじゃがいもとそら豆を組み合わせ、
かにとオリーブオイルを加えてうまみをプラス。
そら豆の季節にぜひ作りたい、ごちそう感のある1品です。

材料／2～3人分
じゃがいも　3個
そら豆（さやなし）　150g
玉ねぎ　¼個
かに（正味）　180g
レモン汁　小さじ1
オリーブオイル　大さじ1
マヨネーズ（p.9参照）　大さじ5
塩、こしょう　各少々

1　そら豆は黒い爪のところに包丁で浅く切り込みを入れ、塩少々（分量外）を加えた熱湯でゆでてザルに上げ、薄皮をむく。玉ねぎは薄切りにして塩水にさらし、水気をしっかりと絞る。かにはほぐす。

2　ボウルに1を合わせ、レモン汁、塩少々、オリーブオイルを加えてあえる。

3　じゃがいもは皮つきのまま水からゆで、竹串がスーッと通るくらいになったらザルに上げる。熱いうちに皮をむき、ボウルに入れて粗めにつぶす。

4　3のボウルに2を加えて混ぜ、マヨネーズを加えてあえる。塩、こしょうで味を調える。

そら豆、玉ねぎ、かにには、レモン汁、塩、オリーブオイルで下味をつけておくのがポイント。

じゃがいもは熱いうちに皮をむいてフォークなどでつぶす。

じゃがいもに、下味をつけたそら豆、玉ねぎ、かにを混ぜる。

サンドイッチはもちろん、パンにのせてオーブントースターで焼いてもおいしい。

45

36 玉ねぎと生ハムのポテトサラダ

ドレッシングでマリネした玉ねぎと生ハムを、じゃがいもとあえた ワインに合うポテトサラダ。生ハムの代わりにスモークサーモンでも。

材料／2～3人分
じゃがいも　3個
玉ねぎ　1/2個
生ハム　100g
セルフィユ入りドレッシング
　フレンチマスタード　小さじ2
　レモン汁　大さじ2
　塩　小さじ2/3
　こしょう　少々
　オリーブオイル　大さじ3
　セルフィユのみじん切り　適量

1 じゃがいもは皮つきのまま水からゆで、竹串がスーッと通るくらいになったらザルに上げる。熱いうちに皮をむき、ボウルに入れ、形が残る程度に軽くつぶす。

2 セルフィユ入りドレッシングを作る。ボウルにフレンチマスタードとレモン汁を入れて混ぜ、塩、こしょうを加えてさらに混ぜる。オリーブオイルを少しずつ加えて混ぜ合わせ、セルフィユのみじん切りを加える。

3 玉ねぎは薄切りにして冷水に放し、しっかりと水気をきる。生ハムは大きめにちぎる。**2** に加えて混ぜ、15分ほどおいて味をなじませる。

4 **1**のじゃがいもに**3**を加え、ざっくりとあえる。

5 器に盛り、セルフィユのみじん切り（あれば。分量外）を散らす。

セルフィユ入りドレッシング。ハーブの香りをプラスしたあっさり系のドレッシング。

37 じゃがいものサワークリームサラダ

小さめの新じゃがいもで作る、
じゃがいものおいしさをストレートに楽しめるレシピ。
マヨネーズサラダとはまた違ったおいしさです。

材料／2〜3人分
新じゃがいも　6〜7個（400ｇ）
塩　小さじ½
こしょう　少々
オリーブオイル　大さじ2
レモン汁　小さじ1
サワークリーム　100ｇ
シブレット　1束

1　じゃがいもは皮つきのまま水からゆで、竹串がスーッと通るくらいになったらザルに上げる。熱いうちに皮をむき、塩、こしょう、オリーブオイル、レモン汁をまぶして下味をつける。
2　サワークリームをボウルに入れ、少しやわらかくなるまで練り、1を加えてあえる。
3　シブレットを小口切りにして加え、混ぜ合わせる。

38 揚げじゃがいものサラダ

こんがり揚がったホクホクのじゃがいもと香菜は、絶妙のコンビ。
クミンパウダーの香りが鼻をくすぐります。

材料／2〜3人分
じゃがいも　4個
香菜　2束
揚げ油　適量
塩　小さじ1
レモン汁　1/2個分
クミンパウダー　適量
粗びき黒こしょう　適量

1 じゃがいもは皮つきのまま水からゆでるか、または蒸し、乱切りにする。香菜は1cm幅に切る。
2 揚げ油を高温に熱し、じゃがいもを入れ、表面全体が色づいてカリッとするまで揚げる。油をきってボウルに移し、塩、レモン汁、クミンパウダーを加えて混ぜ、香菜の半量を加えてあえる。
3 器に盛り、粗びき黒こしょうをふり、残りの香菜をのせる。

じゃがいもは皮ごと揚げる。ゆでるか蒸すかしてから揚げるのがおすすめ。

熱いうちにクミンパウダーをふって香りのアクセントをつける。

ジャーマンポテト風サラダ

39

じゃがいもとコンビーフをとり合わせた、炒めサラダ。
赤ワインビネガーを加えて仕上げるのがポイントです。

材料／2〜3人分
じゃがいも　2〜3個
コンビーフ　50g
にんにく　1かけ
オリーブオイル　大さじ3
キャラウェイシード　小さじ2
塩　小さじ1
赤ワインビネガー　大さじ1
粗びき黒こしょう　適量
ディル　2〜3枝

1　じゃがいもは皮つきのまま水からゆでるか、または蒸す。熱いうちに皮をむき、6〜7mm幅に切る。コンビーフはほぐし、にんにくはつぶす。

2　フライパンにオリーブオイル大さじ2とにんにくを入れて火にかけ、香りが出たらキャラウェイシード、じゃがいもの順に加え、焼きつけるようにして炒める。

3　コンビーフを加えて炒め合わせ、塩をふり、赤ワインビネガーを加えて強火で絡めて水分を飛ばし、仕上げにオリーブオイル大さじ1を回しかける。

4　器に盛り、粗びき黒こしょうをふり、ディルを添える。

油ににんにくの香りが移ったらキャラウェイシードを加え、その後じゃがいもを加えて炒める。

49

40 青い豆のサラダ

スナップえんどう、砂糖ざや、グリンピース、そら豆……、
春の豆をとり合わせた、目にも鮮やかなひと皿。
ドライトマト入りのドレッシングでいただきます。

材料／2〜3人分
スナップえんどう　100g
砂糖ざや　100g
そら豆（さやなし）　130g
グリンピース（さやなし）　40g

ドライトマトドレッシング
　ドライトマトのオイル漬け　30g
　玉ねぎ　1/8個
　おろしにんにく　少々
　赤ワインビネガー　小さじ2
　塩　小さじ2/3
　オリーブオイル　大さじ2

1 スナップえんどう、砂糖ざやは筋をとり、そら豆は黒い爪のところに包丁で浅く切り込みを入れる。それぞれゆで、冷水に放して水気をきり、そら豆は薄皮をむく。グリンピースはさっとゆで、ぬるま湯につけて水気をきる。

2 ドライトマトドレッシングを作る。ドライトマトと玉ねぎはみじん切りにし、ボウルに入れる。おろしにんにく、赤ワインビネガー、塩を加えて混ぜ、オリーブオイルを加えて混ぜ合わせる。

3 **1**をボウルに入れ、スナップえんどうは豆が見えるように半分にさき、**2**を加えて手であえる。

スナップえんどう、砂糖ざや、そら豆は、ちょうどよいゆで加減にそれぞれゆでる。

グリンピースはシワが寄らないよう、ゆでたらすぐにぬるま湯につけ、水気をきる。

このドレッシングの要はドライトマトのオイル漬け。油をきってみじん切りにする。

ドライトマトと玉ねぎが入った、ドライトマトドレッシング。豆のサラダによく合う。

ドレッシングを加えたら、手でよくあえ、全体に味をよくなじませる。

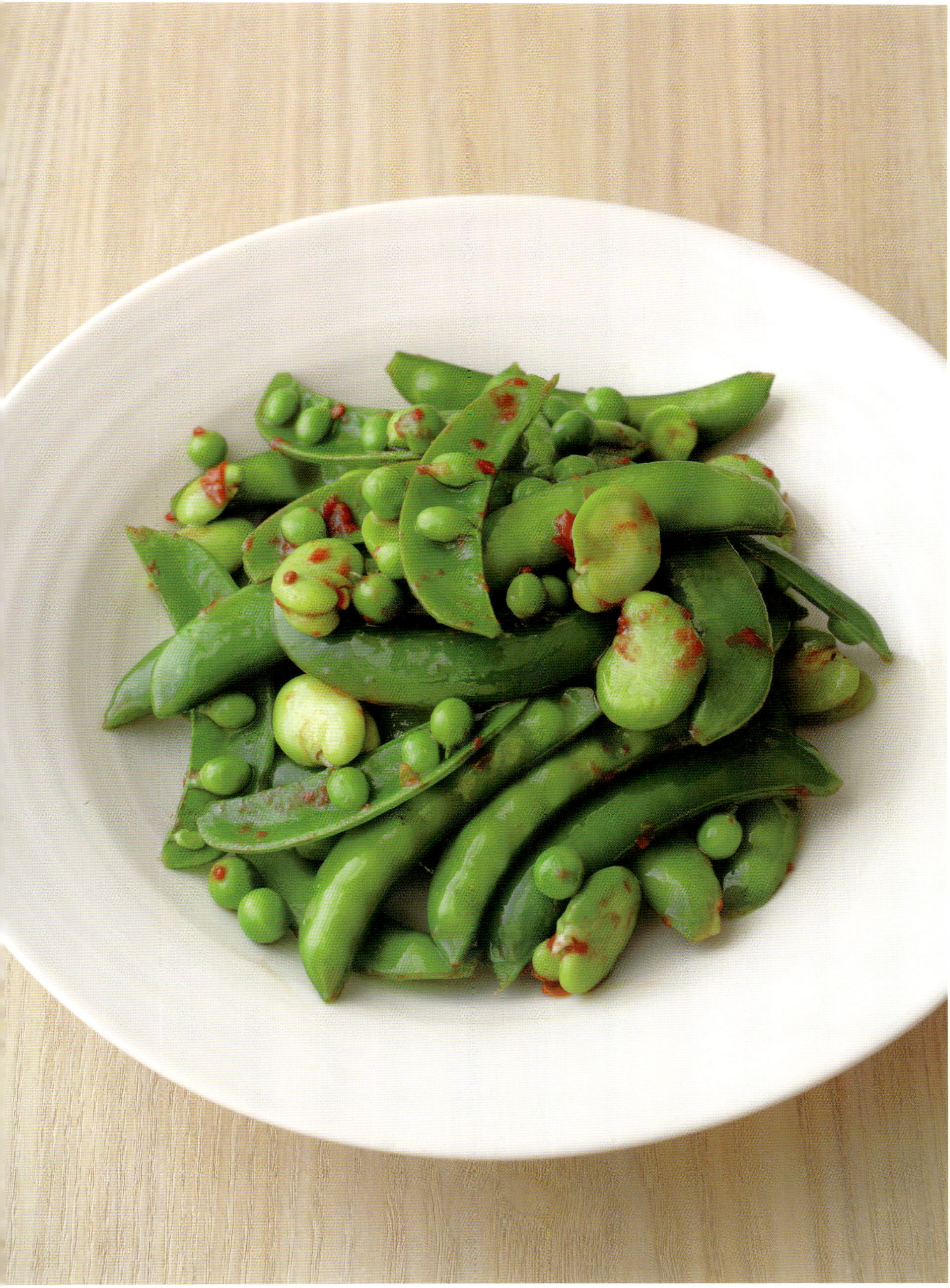

41 せん切りレタスのサラダ

レタスをモリモリ食べたいときの、超シンプルサラダ。
レモン汁を使った、さわやかな香りのドレッシングでいただきます。

材料／2～3人分
レタス　½個
レモン風味ドレッシング
　おろしにんにく　少々
　フレンチマスタード　小さじ1
　レモン汁　大さじ1
　塩　小さじ½
　砂糖　小さじ½
　オリーブオイル　大さじ4
レモンの皮のせん切り　少々

1　レタスはせん切りにして冷水に放し、しっかりと水気をきる。
2　レモン風味ドレッシングを作る。ボウルにオリーブオイル以外の材料を入れてよく混ぜ、オリーブオイルを少しずつ加えて混ぜ合わせる。
3　ボウルに1を入れ、2を加えて手でしっかりとあえ、レモンの皮を加えてざっくりと混ぜる。

レモン風味ドレッシング。砂糖を少し入れて味に奥行きを出すのがポイント。

42 きゅうりのサラダ

きゅうりだけでもおいしいですが、ここでは玉ねぎを加えて仕上げます。
きゅうりはところどころ皮をむいておくと、
ドレッシングのなじみがよくなります。

材料／2～3人分
きゅうり　3本
玉ねぎ　¼個
にんにく風味ドレッシング
　おろしにんにく　少々
　赤ワインビネガー　小さじ2
　フレンチマスタード　小さじ1
　塩　小さじ½
　こしょう　少々
　オリーブオイル　大さじ3

1　きゅうりは縦に縞目に皮をむき、7～8mm厚さの輪切りにする。玉ねぎはみじん切りにして水に放し、水気を絞る。
2　にんにく風味ドレッシングを作る。ボウルにオリーブオイル以外の材料を入れてよく混ぜ、オリーブオイルを少しずつ加えて混ぜ合わせる。
3　ボウルに1を入れ、2を加えて手でしっかりとあえる。

にんにく風味ドレッシング。基本のフレンチドレッシング(p.8)におろしにんにくを少し加えたもの。

43 ベビーリーフのサラダ

ベビーリーフは葉がやわらかく、クセもなく、近年人気のサラダ野菜。
クレソンとクルミを組み合わせて、山盛り葉っぱサラダを作ります。
ヘーゼルナッツオイル (p.11) を使うのが特徴です。

材料／2〜3人分

- ベビーリーフ　2パック
- クレソン　1束
- クルミ（ローストしたもの）　30g
- **ヘーゼルナッツオイルドレッシング**
  - エシャロットのみじん切り　大さじ1
  - 赤ワインビネガー　大さじ2/3
  - フレンチマスタード　小さじ2/3
  - 塩　小さじ1
  - 粗びき黒こしょう　少々
  - 紅花油　大さじ1
  - ヘーゼルナッツオイル（またはクルミオイル）　大さじ2

1　クレソンは葉先を摘み、ベビーリーフとともに冷水に放し、しっかりと水気をきる。クルミは粗く刻む。

2　ヘーゼルナッツオイルドレッシングを作る。ボウルにエシャロット、赤ワインビネガー、フレンチマスタード、塩、粗びき黒こしょうを入れてよく混ぜ、紅花油、ヘーゼルナッツオイルを加えて混ぜ合わせる。

3　ボウルに **1** を入れ、**2** を加えて手でよくあえる。

ヘーゼルナッツオイルドレッシング。ローストナッツの甘い香りがほんのり漂うドレッシング。

44 マーシュとオレンジのサラダ

マーシュはアクや苦味がなく、淡泊な味のサラダ野菜。
相性のよいオレンジと合わせ、みずみずしいひと皿を味わいます。

材料／2〜3人分
マーシュ　2パック
オレンジ　1個
オリーブオイル　大さじ2〜3
塩、こしょう　適量
白ワインビネガー　小さじ1

1　マーシュは洗って冷水に放し、しっかりと水気をきる。
2　オレンジは皮をむき、果肉をとり出す。
3　マーシュとオレンジをボウルに入れ、オリーブオイル、塩、こしょうを加えてざっくりと混ぜ、白ワインビネガーを加えてさっとあえる。

45 トマトのサラダ

ちょっぴり懐かしい、洋食屋さんのトマトサラダ。
ドレッシングをかけてすぐ食べてもよいし、
少しおいて味がなじんだころに食べるのもおすすめ。

材料／2〜3人分
トマト　2個
玉ねぎのみじん切り　¼個分
パセリのみじん切り　大さじ1
フレンチドレッシング
　赤ワインビネガー　大さじ1
　フレンチマスタード　小さじ2
　塩　小さじ½
　こしょう　少々
　オリーブオイル　大さじ4

1　トマトは1cm厚さの輪切りにする。
2　フレンチドレッシングを作る。ボウルにオリーブオイル以外の材料を入れてよく混ぜ合わせ、オリーブオイルを少しずつ加えて乳化するまでよく混ぜる。
3　器にトマトを並べ、**2**のドレッシングをかけ、玉ねぎとパセリを散らす。

46 ミニトマトの マリネサラダ

はちみつ入りのマリネ液が、ミニトマトにじんわりしみて美味。トマトのうまみが移ったマリネ液も一緒にいただきます。

材料／2〜3人分
ミニトマト（赤、黄、紫など）
　約30個
米酢　大さじ2
塩　小さじ½
はちみつ　大さじ1
オリーブオイル　大さじ4

1　ミニトマトは皮に切り目を入れて熱湯にさっとくぐらせ、皮を湯むきする。
2　ボウルに米酢、塩、はちみつを入れ、オリーブオイルを加えて混ぜる。
3　保存容器に1を入れ、2をかけてさっとあえ、冷蔵庫で30分〜1時間おいて味をなじませる。

47 ホワイト アスパラのサラダ

缶詰のアスパラガスを使った、ワインにもぴったりのひと皿。ドレッシングにひと手間加えると、それだけでごちそう風。

材料／2〜3人分
ホワイトアスパラガス（缶詰）　1缶
にんにく風味クリーミードレッシング
　マヨネーズ（p.9参照）　大さじ1
　おろしにんにく　少々
　フレンチマスタード　小さじ2
　牛乳　小さじ1
　塩　小さじ⅓
　こしょう　少々
　赤ワインビネガー　小さじ1
　オリーブオイル　大さじ1
パセリのみじん切り　適量

1　ホワイトアスパラガスは水気をペーパータオルなどで拭く。
2　にんにく風味クリーミードレッシングを作る。ボウルにオリーブオイル以外の材料を入れてよく混ぜ、オリーブオイルを少しずつ加えて混ぜ合わせる。
3　器に1を盛り、2のドレッシングをかけ、パセリを散らす。

にんにく風味クリーミードレッシング。マヨネーズをベースに、にんにく、フレンチマスタード、赤ワインビネガーなどを加えて作る。

48 キャロットラペ

にんじんを細く長く切って（ラペ）、ドレッシングであえた
フランスお総菜の定番。飽きないおいしさで、いくらでも食べてしまいそう。

材料／2〜3人分
にんじん　2本
フレンチドレッシング
　赤ワインビネガー　大さじ1
　フレンチマスタード　小さじ2
　塩　小さじ1/2
　こしょう　少々
　オリーブオイル　大さじ4
砂糖　ひとつまみ

1　にんじんは皮をむいてせん切りにする。塩少々（分量外）でもみ、水気を絞る。
2　フレンチドレッシングを作る。ボウルにオリーブオイル以外の材料を入れてよく混ぜ合わせ、オリーブオイルを少しずつ加えて乳化するまでよく混ぜる。
3　ボウルに**1**を入れ、**2**を加えてあえ、仕上げに砂糖を加えて混ぜる。

49 セロリアックのサラダ

セロリアックはセロリに似た味と香りがあり、青臭さがないのが特徴。
フランスのクラシックなソースであるレムラードソースと組み合わせます。

材料／2〜3人分
セロリアック　½株（約400g）
レムラードソース
　卵黄　1個分
　フレンチマスタード　小さじ2
　塩　小さじ½
　こしょう　少々
　赤ワインビネガー　大さじ1
　オリーブオイル　80ml
パセリのみじん切り　大さじ3

1　セロリアックは皮をむき、スライサーなどで薄切りにしてからせん切りにする。
2　レムラードソースを作る。ボウルに卵黄を入れてほぐし、フレンチマスタード、塩、こしょう、赤ワインビネガーを入れて混ぜ合わせ、オリーブオイルを少しずつ加えてマヨネーズ状になるまでよく混ぜ合わせる。
3　1をボウルに入れ、2のソースとパセリを加えてあえる。

レムラードソース。基本のフレンチドレッシング（p.8参照）に卵黄を加えた、マヨネーズにも似たソース。

50 ビーツのサラダ

ビーツは下ゆではせず、オーブンで焼いて火を通します。そのほうが手軽。相性のよいディルととり合わせてサラダ仕立てにします。

材料／2〜3人分
ビーツ　小3個
おろしにんにく　¼かけ分
ディル　3枝
白ワインビネガー　小さじ2
塩　小さじ½
こしょう　少々
オリーブオイル　大さじ4

1　ビーツは皮つきのまま天板にのせ、180℃のオーブンで50分ほど焼く。皮をむいて1cm幅の拍子木切りにする。
2　ディルは葉先を摘む。
3　**1**をボウルに入れ、白ワインビネガー、塩、こしょう、オリーブオイルを加えてあえ、**2**とおろしにんにくを加えて混ぜ合わせる。

ビーツは皮つきのままオーブンで焼き、中まで火を通す。皮をむいて使う。

51 かぶのサラダ

生のかぶを使った、かぶのおいしさをストレートに味わえるサラダです。
かぶは葉つきのものを買い求め、葉も刻んで入れるとおいしさ倍増！

材料／2～3人分
かぶ　4個
フレンチドレッシング
　赤ワインビネガー　大さじ1
　フレンチマスタード　小さじ2
　塩　小さじ½
　こしょう　少々
　オリーブオイル　大さじ4

1　かぶは反つきのまま薄切りにし、葉は刻む。塩少々（分量外）をふってしばらくおき、手でもみ、水気をしっかりと絞る。
2　フレンチドレッシングを作る。ボウルにオリーブオイル以外の材料を入れてよく混ぜ合わせ、オリーブオイルを少しずつ加えて乳化するまでよく混ぜる。
3　ボウルに**1**を入れ、ドレッシングの半量を加えてあえる。
4　器に盛り、残りのドレッシングをかける。

52 マッシュルームのサラダ

ホワイトマッシュルームとブラウンマッシュルームを使った、
マッシュルームのための絶品サラダ。
粒マスタードとヨーグルトのドレッシングが、おいしさの決め手です。

材料／2〜3人分
マッシュルーム
　（ホワイト、ブラウン合わせて）　10個
ヨーグルトドレッシング
　粒マスタード　小さじ2
　レモン汁　小さじ1
　プレーンヨーグルト　大さじ4
　おろしにんにく　少々
　オリーブオイル　大さじ2
　塩　小さじ½
　こしょう　少々

1　マッシュルームは石づきをとり、ペーパータオルなどで汚れを拭きとり、2〜3mm厚さの薄切りにする。
2　ヨーグルトドレッシングの材料はよく混ぜ合わせる。
3　ボウルに**1**を入れ、**2**のドレッシングを加えてあえる。

ヨーグルトドレッシング。酸味はヨーグルトとレモン汁。オリーブオイルは上質のエキストラバージンを。

53 ポワローのサラダ

ポワローは、ヨーロッパではポピュラーな、太くてやわらかい、甘みのあるねぎ。
ここでは濃厚な味わいのレムラードソースと組み合わせましたが、
フレンチドレッシングでいただいても。

材料／2〜3人分
ポワロー　1本
レムラードソース
　卵黄　1個分
　フレンチマスタード　小さじ2
　塩　小さじ½
　こしょう　少々
　赤ワインビネガー　大さじ1
　オリーブオイル　80mℓ
セルフィユの粗みじん切り
　大さじ1
こしょう　少々

1　レムラードソースを作る。ボウルに卵黄を入れてほぐし、フレンチマスタード、塩、こしょう、赤ワインビネガーを入れて混ぜ合わせ、オリーブオイルを少しずつ加えてマヨネーズ状になるまでよく混ぜ合わせる。
2　ポワローは5cm長さに切り、塩少々、レモンの輪切り2枚（各分量外）を加えた湯でやわらかくなるまでゆでる。ザルに上げて水気をきる。
3　**2**をバットに入れ、レムラードソースの半量をかけて、冷ます。
4　器に**3**を盛り、残りのレムラードソースをかける。セルフィユを散らし、こしょうをふる。

レムラードソース。基本のフレンチドレッシング（p.8参照）に卵黄を加えた、マヨネーズにも似たソース。

54 焼きパプリカのマリネサラダ

パプリカは皮が黒く焦げるくらいまでしっかり焼いて、皮をむくのがポイント。野菜本来の甘さと香りが引き出され、奥行きのあるサラダになります。

材料／2〜3人分
パプリカ（黄、赤など合わせて）　4個
にんにく　½かけ
オリーブオイル　大さじ4
塩　少々
パプリカパウダー　少々
こしょう　少々
シェリービネガー　大さじ1

1　パプリカは焼き網、グリル、オーブントースターなどで皮が黒く焦げるまで焼く。ヘタをとって皮をむき、食べやすい大きさに手でさく。
2　**1**をバットに入れ、にんにくをつぶして加え、オリーブオイル、塩、パプリカパウダー、こしょう、シェリービネガーの順に加えて30分ほどおき、味をなじませる。
3　器に盛り、パプリカパウダー少々（分量外）をふる。

この状態で30分ほどおき、味をなじませる。パプリカパウダーの色と香りがアクセント。

55 焼き玉ねぎのサラダ

玉ねぎだけで作った、潔いシンプルサラダ。玉ねぎはじっくり焼いて甘さを引き出し、熱いうちにドレッシングをなじませるのがポイント。

材料／2〜3人分
玉ねぎ　2個
オリーブオイル　大さじ1
塩、こしょう　各少々
フレンチドレッシング
　赤ワインビネガー　大さじ1
　フレンチマスタード　小さじ1
　塩　小さじ2/3
　こしょう　少々
　オリーブオイル　大さじ3
粗びき黒こしょう　適量

1　フレンチドレッシングを作る。ボウルにオリーブオイル以外の材料を入れてよく混ぜ合わせ、オリーブオイルを少しずつ加えて乳化するまでよく混ぜる。
2　玉ねぎは2cm幅の輪切りにし、1枚ずつバラバラにする。
3　フライパンにオリーブオイルを熱して玉ねぎを入れ、焼き色がつくまでじっくりと焼き、塩、こしょうをふる。
4　3をボウルに入れ、1のドレッシングを加えてざっくりとあえる。粗びき黒こしょうをふる。

56 ズッキーニのサラダ

ズッキーニと相性のよいオリーブオイル、パルメザンチーズを
とり合わせたホットサラダ。レモンをキュッと絞っていただきます。

材料／2～3人分
ズッキーニ　2本
にんにく　1かけ
オリーブオイル　適量
塩　適量
レモン汁　少々
パルメザンチーズ（おろしたもの）
　大さじ1
レモン　適量

1 ズッキーニは半分の長さに切り、縦5～6mm厚さに切る。にんにくは薄切りにする。

2 グリルパンを熱して**1**を並べ、オリーブオイル大さじ1～2をかけ、塩適量をふり、両面こんがりと焼く。にんにくは焦げやすいので、色づいたらとり出す。

3 **2**をボウルに入れ、オリーブオイル大さじ3、塩小さじ2/3、レモン汁の順に加えてあえる。

4 器に盛り、パルメザンチーズをかけ、レモンを添える。

57 ほうれん草のサラダ

えぐみのないサラダほうれん草とベーコンを組み合わせた、人気の定番。
ベーコンはかたまりのものを棒状に切ってカリッと炒めます。

材料／2〜3人分
サラダほうれん草、
　サラダ赤軸ほうれん草　各½束
ベーコン（かたまり）　80g
フレンチドレッシング
　赤ワインビネガー　大さじ1
　フレンチマスタード　小さじ2
　塩　小さじ½
　こしょう　少々
　オリーブオイル　大さじ4
粗びき黒こしょう　適量

1　サラダほうれん草は葉を摘んで洗い、しっかりと水気をきる。
2　ベーコンは1cm角の棒状に切る。フライパンに入れてカリカリになるまで焼き、ペーパータオルの上にとり出して脂をきる。
3　フレンチドレッシングを作る。ボウルにオリーブオイル以外の材料を入れてよく混ぜ合わせ、オリーブオイルを少しずつ加えて乳化するまでよく混ぜる。
4　ボウルに**1**を入れ、**3**のドレッシングを加えてざっくりとあえ、ベーコンを加えてさっと混ぜる。粗びき黒こしょうをふる。

58 大根のサラダ

大根は塩でもんで水分をほどよく抜き、うまみを出すのがポイント。
隠し味のしょうゆも風味づけに欠かせません。
ハムの代わりにツナ、帆立て貝柱缶などを使っても。

材料／2～3人分
大根　1/3本
ハム　4枚
塩　小さじ1/3
レモン汁　大さじ1
しょうゆ　小さじ1/2
オリーブオイル　大さじ2

1　大根は皮をむいて薄い輪切りにし、ボウルに入れて塩少々（分量外）をふって手でもみ、水気を絞る。
2　ハムは細切りにする。
3　ボウルに1と2を入れ、塩、レモン汁、しょうゆ、オリーブオイルを加えて混ぜ合わせる。

59 白菜のサラダ

ちぎって混ぜるだけのイージー＆クイックサラダ。
いつ食べても飽きず、また食べたくなるのは、
焼きのりのチカラ。

材料／2〜3人分
白菜の葉の部分　1/4株分
ごま油　大さじ2
おろしにんにく　少々
塩　小さじ1/2
粗びき黒こしょう　適量
しょうゆ　小さじ1
レモン汁　小さじ2
焼きのり　1枚

1　白菜の葉の部分は洗って水気をしっかりときり、食べやすい大きさにちぎる。
2　ボウルに1を入れ、ごま油、おろしにんにく、塩、粗びき黒こしょう、しょうゆ、レモン汁の順に加えてよくあえる。焼きのりをちぎってざっとあえる。
3　器に盛り、好みで粗びき黒こしょうをふる。

60 春菊のサラダ

生の春菊をたっぷりと使ったサラダです。
ローストした松の実とヘーゼルナッツオイルが
ポイント。

材料／2〜3人分
春菊　1束
ヘーゼルナッツオイル
　（またはクルミオイル）　大さじ1
塩　小さじ1
粗びき黒こしょう　少々
赤ワインビネガー　大さじ2/3
松の実（ローストしたもの）　大さじ1

1　春菊は葉先を摘んで洗い、水気をしっかりときる。
2　ボウルに1を入れ、ヘーゼルナッツオイル、塩、粗びき黒こしょうを加えてざっとあえ、赤ワインビネガーと松の実を加えてさらにあえる。

61 菜の花のサラダ

春先にぜひ作りたい、目にも身体にもうれしいサラダ。
半熟卵とアンチョビードレッシングを組み合わせることで
和の野菜のイメージを超越。パンにもパスタにも合います。

材料／2〜3人分
菜の花　1束
卵　1個
アンチョビードレッシング
　アンチョビー　10g
　白ワインビネガー　小さじ2
　こしょう　少々
　オリーブオイル　大さじ3

1　菜の花は塩小さじ1/3（分量外）を加えた熱湯でゆで、ザルに上げて冷まし、水気をしっかりときる。食べやすい長さに切る。

2　卵は沸騰した湯で5分ほどゆでて半熟卵にし、殻をむく。

3　アンチョビードレッシングを作る。アンチョビーは包丁でたたいて細かくし、ボウルに入れ、白ワインビネガー、こしょう、オリーブオイルを加えて混ぜる。

4　ボウルに**1**を入れ、**3**のドレッシングを加えてあえる。**2**の半熟卵をざっくりとくずして加え、さっとあえる。

アンチョビードレッシング。
卵を使ったサラダによく合う。

62 焼きたけのこのサラダ

オリーブオイルとしょうゆで焼いたたけのこは絶品！
春のほろ苦野菜と合わせて、サラダ仕立てにします。
花穂じそ、木の芽もプラスして春を満喫。

材料／2〜3人分
たけのこ（ゆでたもの）※　1本
せり、クレソン　各適量
オリーブオイル　大さじ1
しょうゆ　小さじ2
米酢ドレッシング
　米酢　小さじ2
　塩　小さじ1/3
　オリーブオイル　大さじ1 1/2
木の芽、花穂じそ　各適量

※**たけのこのゆで方**……たけのこは洗って穂先を斜めに切り落とし、皮の部分だけに縦に1本切り目を入れる。やや多めの米ぬかと赤唐辛子1本を入れたたっぷりの水からゆではじめ、竹串を刺してスーッと通るようになったら火を止め、ゆで汁につけたまま冷まし、皮をむく。

1　たけのこは根元のほうは輪切りにして食べやすい大きさに切り、先のほうにくし形に切る。せり、クレソンにそれぞれ葉先を摘んで冷水に放し、水気をきる。

2　フライパンにオリーブオイルを熱してたけのこを入れ、焼き色がついたらしょうゆを回しかけ、さらに香りよく焼く。

3　米酢ドレッシングを作る。ボウルにすべての材料を入れて混ぜ合わせる。

4　ボウルに**2**、せり、クレソンを入れ、**3**のドレッシングを加えてざっくりとあえる。花穂じそ、木の芽を加えてひと混ぜする。

63 揚げかぼちゃのサラダ

ゆでたかぼちゃもおいしいですが、香ばしさとホクホク感の両方が味わえる揚げかぼちゃもおすすめ。
味つけは、かぼちゃの甘さを引き立てるカレー風味のドレッシングで。

材料／2〜3人分
かぼちゃ　1/4個（正味400g）
揚げ油　適量
カレー風味ドレッシング
　おろしにんにく　少々
　レモン汁　大さじ1
　塩　小さじ1/2
　粗びき黒こしょう　適量
　クミンパウダー　小さじ1/2
　カレー粉　小さじ1/3
　オリーブオイル　大さじ2
香菜　適量

1　かぼちゃは種とワタをとり、ところどころ皮をむき、3〜4cm角に切って面とりする。
2　揚げ油を中温に熱し、**1**を入れてじっくりと揚げる。
3　カレー風味ドレッシングを作る。ボウルにオリーブオイル以外の材料を入れて混ぜ合わせ、オリーブオイルを少しずつ加えてよく混ぜる。
4　ボウルに**2**を入れ、**3**を加えてあえる。香菜を添える。

64 揚げごぼうのサラダ

たたいたごぼうをそのまま揚げた、ダイナミックなサラダ。
香りも食感も強いので、コクのあるソースを合わせてバランスをとります。

材料／2〜3人分
ごぼう　2本
揚げ油　適量
レムラードソース
　卵黄　1個分
　フレンチマスタード　小さじ2
　塩　小さじ½
　こしょう　少々
　赤ワインビネガー　大さじ1
　オリーブオイル　80㎖
牛乳　小さじ2
粗びき黒こしょう　適量

1　ごぼうは洗って皮をこそげ、すりこ木などでたたき、4㎝長さに切って食べやすく割る。冷水に放し、水気をきり、ペーパータオルで水気を拭く。
2　揚げ油を中温に熱し、**1**を入れてじっくりと揚げる。
3　レムラードソースを作る。ボウルに卵黄を入れてほぐし、フレンチマスタード、塩、こしょう、赤ワインビネガーを入れて混ぜ合わせ、オリーブオイルを少しずつ加えてマヨネーズ状になるまで混ぜる。
4　器に**2**を盛り、**3**のソースを牛乳でのばしてかける。粗びき黒こしょうをふる。

レムラードソース。牛乳でのばして濃度をゆるくし、揚げごぼうにかける。

65 揚げいんげんのサラダ

干しえびとザーサイを使ったしょうゆだれがおいしさの決め手。
揚げ野菜、蒸し野菜、ゆで野菜……、このたれをかければ中華風に！

材料／2〜3人分
さやいんげん　200g
揚げ油　適量
干しえび（戻したもの）　大さじ1
味つけザーサイ　30g
ごま油　小さじ1
しょうゆ　大さじ1
レモン汁　大さじ1

1　さやいんげんは洗い、しっかりと水気を拭く。中温に熱した揚げ油で素揚げする。
2　干しえび、ザーサイはみじん切りにする。
3　フライパンにごま油を熱して干しえびを炒め、香りが出てきたらザーサイを加えてさっと炒める。しょうゆ、レモン汁を加えて混ぜ合わせる。
4　3に1を加えてざっとあえる。

66 コーンのサラダ

スパイスとライムの果汁を使って仕上げた大人味。生のとうもろこしが手に入らない季節は、缶詰や冷凍品を使っても。

材料／2～3人分
とうもろこし（正味）　270g
紫玉ねぎ　½個
オリーブオイル　大さじ2
塩　小さじ⅓
チリパウダー　小さじ⅓
カイエンペッパー　少々
クミンパウダー　小さじ½
ライム汁　大さじ1
パプリカパウダー　小さじ⅓

1　とうもろこしはゆでて実をはずす。紫玉ねぎは粗みじん切りにする。
2　ボウルに1を入れ、オリーブオイル、塩、チリパウダー、カイエンペッパー、クミンパウダー、ライム汁を加えて混ぜる。
3　器に2を盛り、パプリカパウダーをふる。

67 里芋のサラダ

里芋のねっとりとしたおいしさを楽しむおかずサラダ。ドレッシングの酸味には、梅干しと梅酢を用いるのがポイント。

材料／2～3人分
里芋　4個
梅肉ドレッシング
　白炒りごま　大さじ3
　梅干し　2個
　梅酢（白または赤）　大さじ1
　しょうゆ　小さじ2
　太白ごま油　大さじ2

1　里芋は皮つきのままゆで（または蒸し）、竹串がスーッと通るくらいになったら、皮をむいて乱切りにする。
2　梅肉ドレッシングを作る。ごまはすり鉢ですり、梅干しは種をとって包丁でたたいてペースト状にする。ボウルにドレッシングの材料をすべて入れて混ぜる。
3　ボウルに1を入れ、2を加えてあえる。

梅肉ドレッシング。白炒りごまとごま油、梅干しと梅酢を使った和風テイスト。長芋、れんこん、にんじん、ごぼうなどにも合う。

68 白いんげん豆のサラダ

ほっくりとしてやさしい味の白いんげん豆、ちょっぴりオイリーでピリ辛味のチョリソソーセージで、ワインやビールに合うサラダを作ります。ドレッシングには酸味の強いシェリービネガーを用い、味を引き締めます。

材料／2～3人分
白いんげん豆（乾燥）　120g
チョリソソーセージ　3本
玉ねぎ　⅓個
オリーブオイル　大さじ3
にんにく　1かけ
シェリービネガー　小さじ2
塩　小さじ1
こしょう　適量
イタリアンパセリのみじん切り　少々

1 白いんげん豆は鍋に入れ、かぶるくらいの水を加えてひと晩おく。パセリの軸、セロリの葉などのくず野菜適量（分量外）を加えて火にかけ、やわらかくなるまでゆでる。ゆで汁ごと冷まし、ザルに上げて水気をきる。

2 チョリソソーセージは1cm幅に切る。玉ねぎはみじん切りにする。

3 フライパンにオリーブオイル小さじ2とにんにくをつぶして入れて炒め、香りが出たらにんにくはとり出し、チョリソソーセージを加えて炒める。シェリービネガー少々を加え、ざっと混ぜる。

4 ボウルに **1** と **3**、玉ねぎを入れ、残りのオリーブオイル、塩、こしょう、残りのシェリービネガーの順に加えて、あえる。

5 器に盛り、イタリアンパセリをふる。

白いんげん豆はサラダを作る前日から水につけ、ひと晩おく。

ゆでた白いんげん豆は、サラダに使うまでゆで汁に浸したままおいておく。

チョリソを炒めたらシェリービネガーを加えてざっと炒め、酸味を足す。

オリーブオイル、塩、こしょう、シェリービネガーで仕上げる。

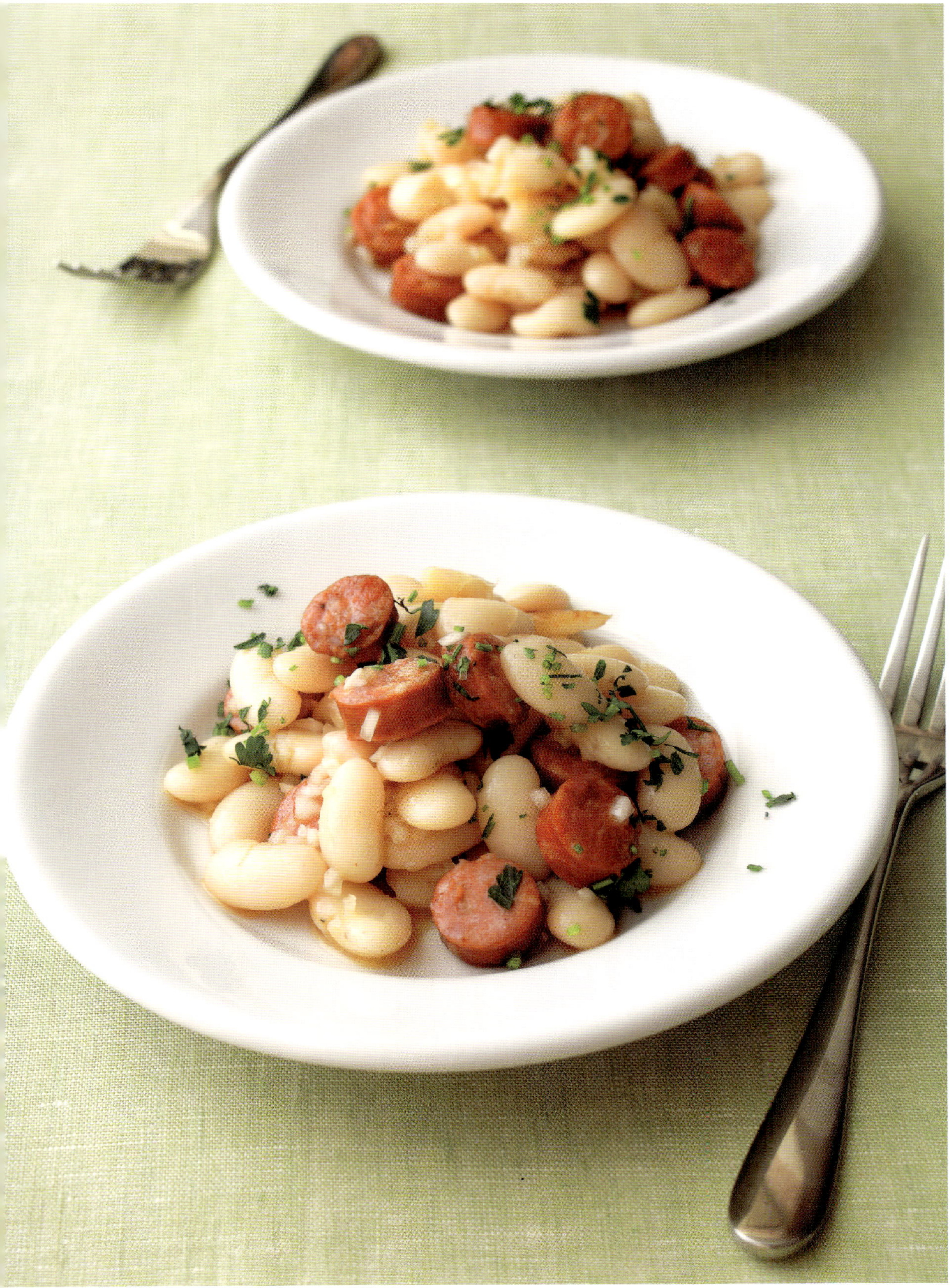

69 ひよこ豆のサラダ

しっかりとした歯ごたえのひよこ豆をすり鉢で粗くつぶし、
サラダに仕立てます。
レモン汁、練りごま、クミンパウダーでエキゾチックな1品に。

材料／2～3人分
ひよこ豆（水煮缶またはドライパック）
　200g
おろしにんにく　½かけ分
レモン汁　大さじ2
塩　小さじ½
白練りごま　大さじ3
クミンパウダー　少々
オリーブオイル　大さじ3
黒オリーブ　適量
パプリカパウダー　少々

1　ひよこ豆は水気をきってすり鉢などに入れ、すりこ木で粗めにつぶす。
2　1におろしにんにく、レモン汁、塩、白練りごま、クミンパウダー、オリーブオイルを加えて混ぜ合わせる。
3　器に2を盛り、黒オリーブをのせる。オリーブオイル適量（分量外）をかけ、パプリカパウダーをふる。

ひよこ豆はすりこ木で粗めにつぶす。ペースト状にしてしまうのではなく、食感が残る程度につぶす。

レンズ豆のサラダ

レンズ豆と押し麦を使った、食感の楽しいサラダです。
ベーコンから出た脂をドレッシングに用いると、
コクのある仕上がりになります。

材料／2～3人分
レンズ豆（乾燥）　150g
押し麦（乾燥）　40g
ベーコン（かたまり）　100g
オリーブオイル　小さじ2
紫玉ねぎ　1/2個
フレンチドレッシング
　赤ワインビネガー　大さじ1
　フレンチマスタード　小さじ1
　塩　小さじ2/3
　こしょう　適量
　オリーブオイル　大さじ3
イタリアンパセリの粗みじん切り
　1束分

1　レンズ豆は洗って水気をきり、鍋に入れ、セロリ、パセリ、パセリの茎、塩（各分量外）、水適量（分量外）を加えてゆで、ザルに上げる。
2　押し麦は洗い、熱湯でゆでてザルに上げる。
3　ベーコンは1cm幅に切る。オリーブオイルを熱したフライパンで炒め、脂をきる。フライパンに残った脂はとっておく。紫玉ねぎはみじん切りにする。
4　フレンチドレッシングを作る。ボウルにオリーブオイル以外の材料を入れて混ぜ合わせ、オリーブオイルと**3**のベーコンから出た脂を少しずつ加えてよく混ぜ合わせる。
5　ボウルに**1**、**2**、紫玉ねぎを入れ、**4**のドレッシングであえ、ベーコン、イタリアンパセリを加えて混ぜる。

レンズ豆はセロリ、パセリ、パセリの茎、塩を加えてゆでる。レンズ豆のクセを消し、風味をつける。

71 いわしとスクランブルエッグのサラダ

新鮮ないわしをオリーブオイルでソテーし、
フワフワ卵と組み合わせた、スペイン風のひと皿。
いわしをソテーしたら、
シェリービネガーで酸味と香りを絡めるのがポイント。

材料／2～3人分
いわし　3尾
小麦粉　適量
卵　2個
サラダ菜　1個
オリーブオイル　大さじ5
にんにく　1かけ
シェリービネガー　大さじ2
塩、こしょう　各適量
松の実（ローストしたもの）
　　大さじ2
粗びき黒こしょう　適量

1　いわしは手開きにして頭と骨をとり除き、縦半分に切る。塩、こしょう各少々をふり、小麦粉を薄くつける。

2　卵はボウルに割りほぐす。

3　サラダ菜は洗って大きめにちぎり、水気をしっかりときる。器に盛る。

4　フライパンにオリーブオイル大さじ1を熱し、2の卵を入れて大きくかき混ぜ、ふんわりとしたスクランブルエッグを作る。3のサラダ菜の上にのせる。

5　4のフライパンにオリーブオイル大さじ1とにんにくをつぶして入れて火にかけ、香りが出たら1のいわしを入れて両面焼く。シェリービネガーを加えて強火で煮詰め、残りのオリーブオイル、塩小さじ½、こしょう少々を加える。

6　5をスクランブルエッグの上にのせ、松の実を散らす。粗びき黒こしょうをふる。

いわしは小麦粉をまぶす。オリーブオイルでソテーすると表面がカリッと仕上がる。

オリーブオイルで香ばしく焼く。いわしは身がやわらかいので、裏返すときはトングなどを使うとよい。

シェリービネガーを加えて強火で煮詰める。ここで味つけするので、ドレッシングは不要。

黒パンやパン・ド・カンパーニュなどにのせて、オープンサンドにするのもおすすめ。

81

72 塩だらとじゃがいものサラダ

塩だらとじゃがいもを組み合わせた、ポルトガル風のサラダ。
たらの塩気とやわらかい食感、じゃがいもと玉ねぎの甘みが溶け合った、
素朴なおいしさです。たらを牛乳で煮るのがポイント。

材料／2〜3人分
塩だら　2切れ
にんにく　1かけ
牛乳　1カップ
じゃがいも　2個
玉ねぎ　¼個
レモン汁　大さじ1
オリーブオイル　大さじ3
塩　小さじ⅔〜1
こしょう　少々
イタリアンパセリのみじん切り
　大さじ1

1 塩だらは鍋に入れ、つぶしたにんにく、牛乳を加えて火にかけ、やわらかくなるまで煮る。汁気をきって骨と皮をとり除く。煮汁はとっておく。
2 じゃがいもは皮つきのまま水からゆで、熱いうちに皮をむいてつぶす。玉ねぎは薄切りにする。
3 ボウルに **1** の塩だらと **2** を入れて混ぜ、レモン汁、オリーブオイル、**1** の鍋に残った煮汁大さじ2程度を加え、塩、こしょうで味を調える。
4 器に盛り、イタリアンパセリを散らす。

73 パンツァネッラ

もともとはかたくなったパンを利用した、イタリア・トスカーナ地方のエコ料理。
トマトとバジル、エキストラバージンオリーブオイルが加わることで、
おいしいサラダに生まれ変わります。

材料／2〜3人分
トマト　大2個
紫玉ねぎ　¼個
パン・ド・カンパーニュ
　（かたくなったものでよい）　100g
オリーブオイル　大さじ4
赤ワインビネガー　大さじ1
塩　小さじ½
こしょう　少々
バジル　6〜7枚

1　トマトは2〜3cm角に切り、紫玉ねぎは1cm角に切る。
2　ボウルにパンを適当にちぎって入れ、ひたひたの水（分量外）を注いでしみ込ませ、しっかりと水気を絞る。
3　1と2をボウルに入れ、オリーブオイル、赤ワインビネガー、塩、こしょうを加えてあえる。
4　バジルを加え、ざっくりと混ぜる。

74 タラモサラダ

じゃがいもとたらこを組み合わせた、ギリシャ料理の定番。
ワインとともに楽しむほか、サンドイッチのフィリングにしても。

材料／2〜3人分
じゃがいも　2個
玉ねぎ　¼個
たらこ　80g
レモン汁　大さじ2
白ワインビネガー　小さじ1
塩　小さじ½
オリーブオイル　大さじ5
イタリアンパセリのみじん切り
　少々

1　じゃがいもは皮つきのまま水からゆで、熱いうちに皮をむいてつぶし、裏漉しする。
2　玉ねぎはみじん切りにして塩少々（分量外）で軽くもみ、水に放し、しっかりと水気をきる。
3　たらこは薄皮から身をしごき出す。
4　すり鉢に 2 を入れ、3 のたらこを加えて少しつぶすようにして混ぜる。1 のじゃがいもを加えて混ぜ、レモン汁、白ワインビネガー、塩、オリーブオイルを加えて混ぜ合わせる。
5　器に盛り、さらにオリーブオイル適量（分量外）をかけ、イタリアンパセリを散らす。

75 モロカンサラダ

きゅうり、トマト、玉ねぎなどをさいころ状に切って
レモンと塩、オイルで混ぜただけの、シンプルな味のモロッコ風サラダです。

材料／2〜3人分
トマト　1個
きゅうり　2本
紫玉ねぎ　1/4個
黒オリーブ　適量
レモン汁　大さじ1
塩　小さじ1/2
オリーブオイル　大さじ1

1　トマトは2cm角に切り、きゅうりは皮をむいてトマトと同じくらいの大きさに切る。紫玉ねぎは1cm角に切る。
2　ボウルに1と黒オリーブを入れ、レモン汁、塩、オリーブオイルを加えてあえる。

76 トルコ風なすのサラダ

なすと相性のよいヨーグルトを使った、ちょっぴりエキゾチックな1品。プレーンヨーグルトに、おろしにんにく、レモン汁などを加えて作るソースが特徴です。ミントを添えていただくのがおすすめ。

材料／2〜3人分
なす　6本
にんにくヨーグルトソース
　プレーンヨーグルト　大さじ5
　おろしにんにく　1/2かけ分
　塩　小さじ2/3
　レモン汁　大さじ2
　オリーブオイル　大さじ2
粗びき黒こしょう　適量
ミント　適量

1　にんにくヨーグルトソースの材料は混ぜ合わせる。
2　なすは菜箸などで皮にところどころ穴をあけ、焼き網かグリル、またはオーブントースターで皮が真っ黒に焦げるまで焼く。ラップをかけて少し蒸らし、皮をむく。
3　2のなすを手で適当な大きさにさいてボウルに入れ、フォークで粗くつぶし、にんにくヨーグルトソースを加えてあえる。
4　器に盛って粗びき黒こしょうをふり、ミントを添える。

にんにくヨーグルトソース。焼きなすのほか、炒めたなす、ゆでたじゃがいも、せん切りにんじんのサラダにも合う。

77 クスクスのサラダ

ヨーロッパ、中東、北アフリカなど世界各国で食べられている
クスクスを使った、レモンの酸味がさわやかなサラダ。
きゅうり、トマト、紫玉ねぎ、イタリアンパセリ、ミントが必須です。

材料／作りやすい分量
クスクス 1カップ
トマトジュース 1カップ
紫玉ねぎ ½個
きゅうり 1本
トマト 1個
イタリアンパセリ 2パック
ミント 1パック
塩 小さじ1
こしょう 少々
レモン汁 ½個分
オリーブオイル 大さじ4
クミンパウダー 小さじ1

1　ボウルにクスクスを入れ、トマトジュースを注いでざっと混ぜ、30分ほどおく。

2　紫玉ねぎ、きゅうりは5mm角に切る。トマトは1cm角に切る。イタリアンパセリとミントは細かく刻む。

3　大きめのボウルに1の半量を入れ、トマト、イタリアンパセリ、ミントをのせる。その上に残りの1を入れ、紫玉ねぎときゅうりを重ねる。塩、こしょう、レモン汁、オリーブオイル、クミンパウダーの順にかけ、そのまま1時間ほどおく。

4　クスクスが水分を吸ってしっとりとしたら、全体をざっくりと混ぜる。

大きなボウルに重ねるようにして入れ、この状態で1時間ほどおき、クスクスに水分を吸わせる。

78 オクラのスパイシーサラダ

スパイスを利かせたインドのサラダ。
コーンミールをまぶして揚げたオクラは独特の食感で、クセになるおいしさです。
コーンミールがなければ、小麦粉でも。

材料／2〜3人分
オクラ　20本
コーンミール　適量
揚げ油　適量
塩　小さじ1/3
粗びき黒こしょう　適量
チリパウダー　小さじ1/4
ガラムマサラ　小さじ1/4
レモン　1/2個

1　オクラは塩少々（分量外）をふって軽く板ずりし、水でさっと洗い流して水気をよく拭く。縦半分に切り、太いものは縦1/4に切り、コーンミールをまぶす。
2　揚げ油を中温に熱して1を入れ、全体が色づいてカリッとするまで揚げる。
3　油をきってボウルに移し、塩、粗びき黒こしょう、チリパウダー、ガラムマサラを加えてあえる。
4　器に盛り、レモンを添える。

79 豆と揚げピーナツのサラダ

ひよこ豆と枝豆、とうもろこし、揚げたピーナツをとり合わせた食感の楽しいインド風サラダ。
生野菜入れることで、絶妙なバランスに仕上がります。

材料／2～3人分

ひよこ豆（水煮缶またはドライパック）
　100g
枝豆　正味80g
とうもろこし　正味90g
きゅうり　1本
青唐辛子　2本
ミニトマト　6個
エシャロット　1個
香菜　1束
紅花油　適量
ピーナツ　80g
レモン汁　大さじ1
塩　小さじ1
ガラムマサラ　小さじ1
クミンシード　小さじ1
オリーブオイル　大さじ2
粗びき黒こしょう　適量

1 ひよこ豆は水気をきる。枝豆はゆでてさやから出し、とうもろこしはゆでて実をばらす。きゅうりと青唐辛子は小口切りにし、ミニトマトはヘタをとって4つ割りにする。エシャロットは5mm角に切り、香菜は1cm幅に切る。

2 フライパンに多めの紅花油を熱し、ピーナツを入れて表面がきつね色になるまで揚げ、油をきる。

3 1をボウルに入れ、レモン汁、塩、ガラムマサラ、クミンシード、オリーブオイルを加えてあえ、粗びき黒こしょう、2のピーナツを加えて混ぜる。仕上げにガラムマサラ少々（分量外）をふる。

80 蒸し鶏のサラダ・バンバンジー風

中国料理でおなじみのバンバンジーをサラダ仕立てにします。
鶏肉は酒をふって蒸すのが、おいしさの秘訣。
バンバンジーソースは、花椒(ホワジャオ)を加えて
ピリリとした辛さを出すのがコツ。

材料／2〜3人分
- 鶏もも肉　2枚
- 塩、こしょう　各少々
- しょうがの薄切り　3〜4枚
- 酒　大さじ1
- きゅうり　2本
- 長ねぎ　1本
- バンバンジーソース
  - 白炒りごま　大さじ2
  - 花椒　小さじ2
  - 粉唐辛子　小さじ1
  - 紅花油　大さじ2
  - しょうゆ　大さじ2
  - 米酢　大さじ2
  - 塩　小さじ1/2
  - ごま油　小さじ1
- 香菜　適量

作り方

1　鶏肉は耐熱容器に入れて両面に塩をふり、しょうがをのせ、酒を回しかけてこしょうをふる。蒸気の上がった蒸し器で10分ほど蒸し、そのままおいて粗熱をとる。

2　きゅうりは縦半分に切って種をスプーンでくりぬき、5mm〜1cm厚さの斜め切りにする。長ねぎは斜め薄切りにして冷水に放し、しっかりと水気をきる。

3　バンバンジーソースを作る。すり鉢にごまを入れ、油が出てしっとりとするまでよくすり、花椒を加えてつぶすようにしながらすり混ぜ、粉唐辛子も加えて混ぜる。

4　フライパンに紅花油を入れて熱し、3に加え、しょうゆ、米酢、塩、ごま油の順に加えて混ぜ合わせる。

5　1の鶏肉を手で大きめにさいてボウルに入れ、きゅうり、長ねぎを加え、4のバンバンジーソースを加えてあえる。器に盛り、香菜をのせる。

鶏肉は皮目を上にして耐熱容器に入れ、塩、しょうが、酒、こしょうを加えて蒸す。

蒸し上がったらこのまま粗熱をとり、サラダにするときに手でさくと、鶏肉がジューシー。

ごまと花椒、粉唐辛子をすり混ぜ、熱した紅花油を加える。香り高いソースにするポイント。

中国の山椒・花椒を入れたバンバンジーソース。鶏肉のほか、豆腐のサラダなどにも合う。

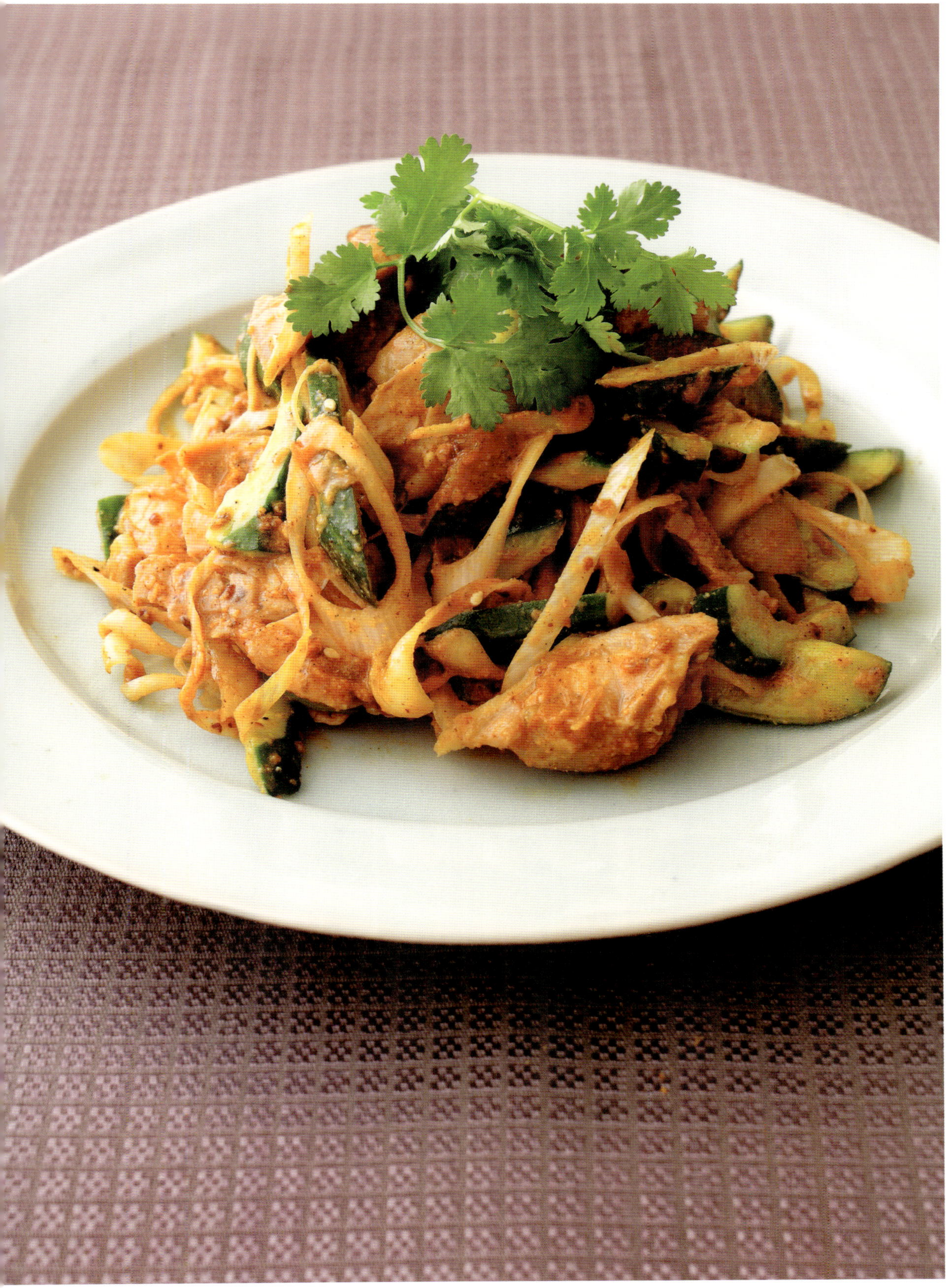

81 豆腐干絲(カンスー)のサラダ

押し豆腐をせん切りにした豆腐干絲は中国ではポピュラーな食材。
炒めもの、汁もの、あえものなど幅広く使いますが、
ここではごま油を使ってサラダに仕立てます。

材料／2〜3人分
豆腐干絲　100g
長ねぎ　½本
香菜　1束
ごま油　大さじ3
塩　小さじ⅔
こしょう　少々

1　豆腐干絲はさっとゆで、ザルに上げて水気をきる。
2　長ねぎは斜め薄切りにして冷水に放し、水気をきる。香菜は1cm幅に切る。
3　ボウルに豆腐干絲と長ねぎを入れ、ごま油、塩、こしょうを加えて手であえる。香菜を加えて混ぜる。

豆腐干絲は冷凍のものがネットなどで購入可。自然解凍してからさっとゆで、水気をきって使う。

82 カリフラワーとブロッコリーのナムル風

カリフラワーとブロッコリーを炒め蒸しするのが、おいしさの秘密。
のりは、日本のものでも韓国のりでも好みで。

材料／2～3人分
カリフラワー　1/2個
ブロッコリー　1個
紅花油　少々
水　大さじ4～5
おろしにんにく　小さじ1/4
塩　小さじ1
しょうゆ　小さじ1
ごま油　大さじ3
焼きのり　1枚

1　カリフラワーとブロッコリーは小房に分ける。
2　フライパンに紅花油を熱し、1を入れてさっと炒め、分量の水を3回に分けて加えながら歯ごたえを残す程度に火を通す。
3　ボウルに2、おろしにんにく、塩、しょうゆ、ごま油を加えて手でよくあえ、焼きのりを手でちぎって加えて混ぜる。

83 牛肉と野菜の韓国風サラダ

韓国料理のチャプチェをアレンジした炒めサラダです。
野菜は1種類ずつ炒めてから合わせるのがポイント。
それぞれの素材のおいしさが、存分に味わえます。

材料／2〜3人分
牛もも肉（焼き肉用）　100g
牛肉の下味
　酒、しょうゆ、ごま油
　　各小さじ1
　きゅうり　1本
　大根　6cm
　にんじん　½本
　生しいたけ　3枚
　さやいんげん　10本
　ごま油　適量
　卵　2個
　塩　小さじ⅓
甘酢しょうゆドレッシング
　米酢　大さじ2
　おろしにんにく　小さじ⅓
　砂糖　大さじ2
　塩　小さじ½
　しょうゆ　大さじ1
　白炒りごま　大さじ1

1 牛肉は繊維にそって細切りにし、酒、しょうゆ、ごま油をまぶす。

2 きゅうりは縦半分に切ってから斜め薄切りにし、大根は皮をむいて5〜6mm角の棒状に切り、にんじんも皮をむいて同じくらいの大きさに切る。それぞれに軽く塩（分量外）をふり、水気を絞る。生しいたけは軸をとって薄切りにする。さやいんげんは塩少々（分量外）を加えた熱湯でかためにゆで、縦半分に切ってから斜め半分に切る。

3 フライパンにごま油小さじ2を熱し、大根を入れてさっと炒め、ボウルにあける。続いて、きゅうり、しいたけ、にんじんを、ごま油を少しずつ足しながらそれぞれさっと炒めてボウルに加える。2のさやいんげんを加え、1の牛肉も炒めてボウルに加える。

4 錦糸卵を作る。卵は割りほぐし、塩を加えて混ぜる。ごま油少々をひいたフライパンに薄く流し、薄焼き卵を作る。数枚焼き、重ねて細切りにする。

5 甘酢しょうゆドレッシングの材料は混ぜ合わせる。

6 3のボウルに甘酢しょうゆドレッシングを加えてあえ、錦糸卵、ごまを加えて混ぜる。

牛肉は酒、しょうゆ、ごま油をまぶす。手でもみ込むようにするとよい。

きゅうり、大根、にんじんはそれぞれ塩をふり、余分な水分を抜いてから炒める。

野菜はそれぞれの味が生きるよう、1種類ずつ炒め、ボウルに入れていく。

甘酢しょうゆドレッシング。好みで粉唐辛子少々を加えてもよい。

炒めた野菜と牛肉、さやいんげんに、甘酢しょうゆドレッシングを加えてあえ、味をなじませる。

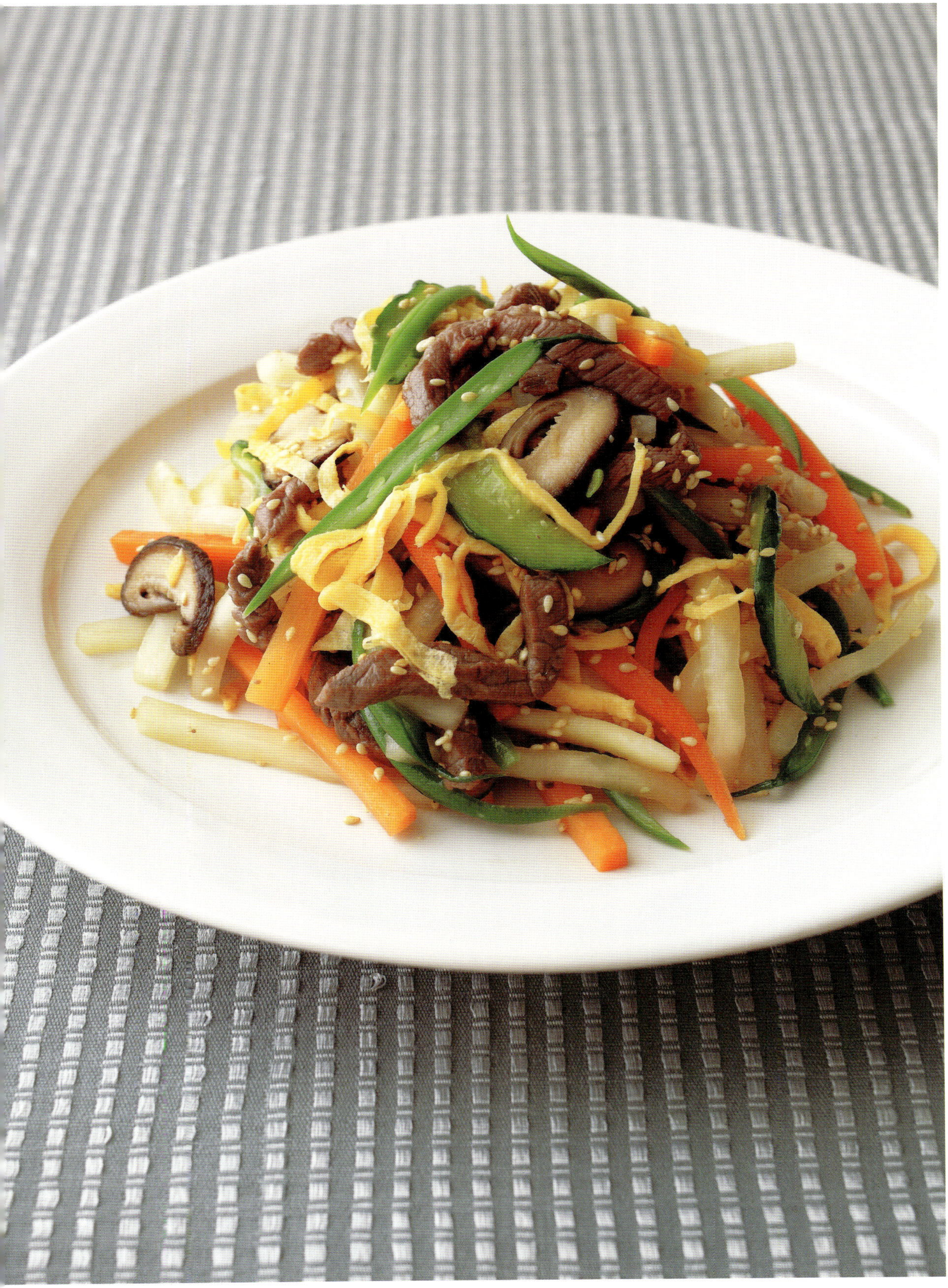

84 タイ風ひき肉のサラダ

タイではラープの名で親しまれている、ひき肉を使ったサラダ。
炒った米の粉を調味料として使うのが特徴で、
炒った香りと独特の歯ざわりが、このサラダの魅力です。
キャベツに包んでいただきます。

材料／2～3人分
豚肩ロース肉（かたまり）　200g
もち米　大さじ3
にんにく　1かけ
エシャロット　1個
レモングラス　½本
こぶみかんの葉　1枚
唐辛子（赤、青。できればタイ産）
　2～3本
紅花油　小さじ2
水　1カップ
ナンプラー　大さじ1
塩　少々
ライム（またはレモン）汁
　大さじ1
ミント　½パック
キャベツ　⅛個
香菜　1束

1 豚肉は包丁で細かく刻む。もち米はフライパンで色づくまでから炒りし、フードプロセッサーに入れて砕く。にんにくはみじん切り、エシャロットは粗みじん切りにする。レモングラスは縦2～3等分にし、小口切りにする。こぶみかんの葉はせん切りにし、唐辛子は斜め切りにする。

2 フライパンに紅花油を熱し、にんにく、レモングラス、こぶみかんの葉を入れ、香りが出るまで炒める。

3 鍋に **1** の豚肉と分量の水を入れて火にかけ、アクが出たらとり除く。豚肉に火が通ったら **2** を加えてさっと煮、**1** のもち米を加えてなじませる。

4 **3** を煮汁ごとボウルにあけ、ナンプラー、塩、ライム汁を加えて混ぜ、エシャロット、ミント、唐辛子を加えてざっくりとあえる。

5 器に **4** を盛り、キャベツと香菜を添える。

豚肉はかたまりのものをたたいて粗びき状にする。豚ひき肉を使ってもよい。

もち米はフライパンでから炒りする。炒るとサクッとした食感になり、香ばしくなる。

まずは紅花油でにんにく、レモングラス、こぶみかんの葉を炒める。この香りがサラダをおいしくする。

炒って砕いたもち米を加え、豚肉のうまみ、ハーブの香りをなじませる。

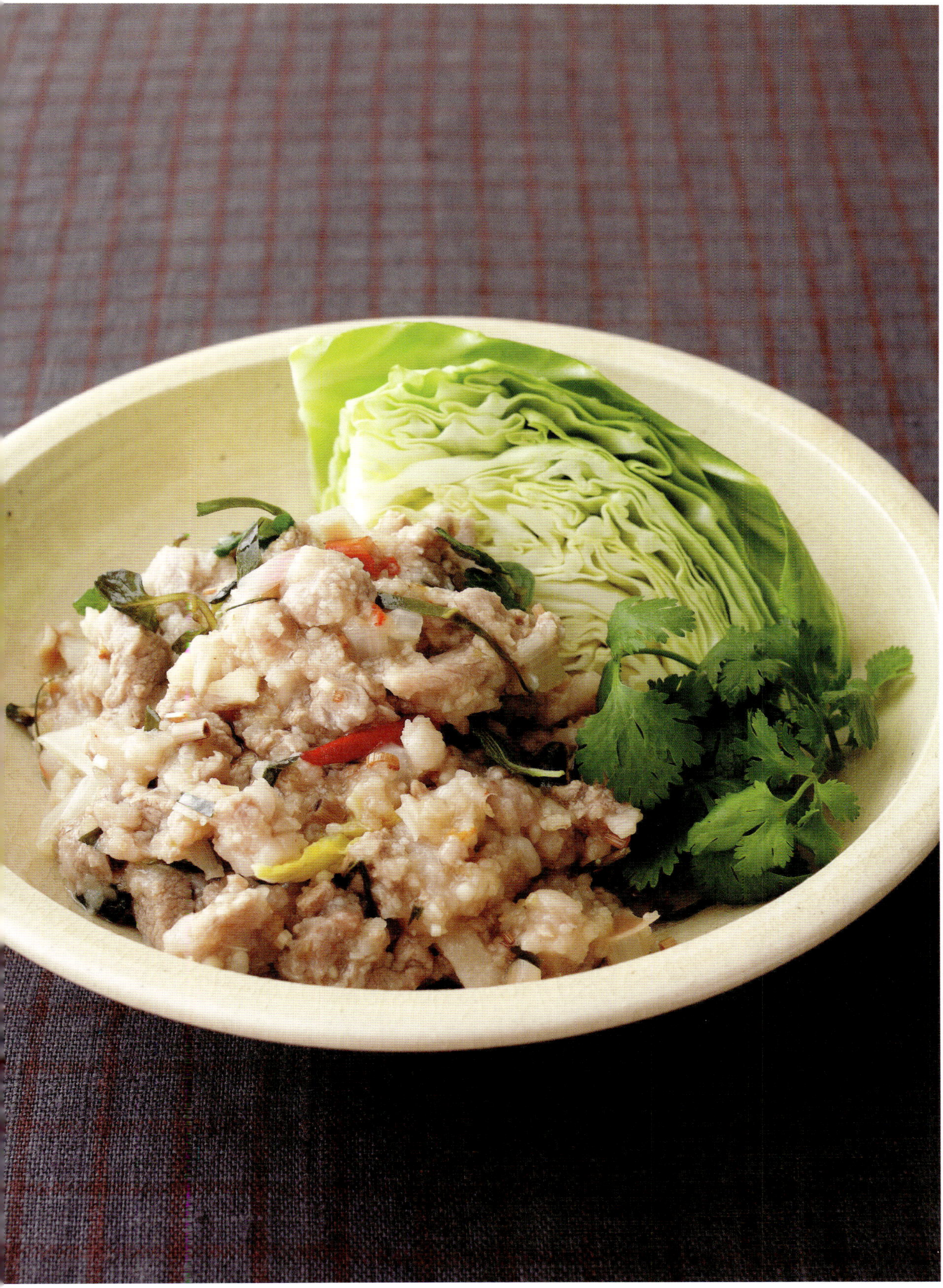

タイ風春雨のサラダ

ナンプラーとレモン汁、砂糖、赤唐辛子で味つけした、
タイの定番サラダ。
えびの代わりにいかを使ってもおいしい。

材料／2〜3人分
春雨（乾燥）　60g
きくらげ　3g
干しえび　大さじ1
エシャロット　½個
えび（無頭。殻つき）　6尾
きゅうり　½本
セロリ　½本
ミニトマト　6個
鶏ひき肉　100g
ナンプラー　大さじ1
塩　少々
レモン汁　小さじ2
砂糖　小さじ1
赤唐辛子　2〜3本
香菜　適量

1　春雨は熱湯に10分ほどつけて戻し、水洗いしてから水気をしっかりときり、食べやすい長さに切る。きくらげは水につけて戻し、かたい石づきの部分をとって粗く刻む。干しえびは水につけて戻し、粗く刻む。エシャロットは薄切りにする。えびは背中に切り込みを入れ、背わたをとってゆで、殻をむく。
2　きゅうりは縦半分に切って斜め薄切りにし、セロリも薄切りにする。ミニトマトはヘタをとって縦半分に切る。
3　鍋に鶏ひき肉と水½カップ（分量外）を入れて火にかけ、火が通ったらナンプラー、塩、レモン汁、砂糖、赤唐辛子を加えて味をなじませる。
4　ボウルに**1**と**2**を入れ、**3**を加えてあえる。香菜を添える。

鶏ひき肉と水を鍋に入れ、箸でほぐす。それから火にかけてポロポロのそぼろ状にし、調味する。

86 青パパイヤのサラダ

タイやベトナムではポピュラーなサラダで、
青パパイヤをせん切りにして
ナンプラー味の甘酸っぱいたれであえればでき上がり。

材料／2〜3人分
青パパイヤ　1個
干しえび　大さじ2
さやいんげん　8本
にんにく　1かけ
赤唐辛子　2〜3本
ピーナツ（ローストしたもの）　40g
ミニトマト　10個
きび砂糖　大さじ1
ライム汁　大さじ2
ナンプラー　大さじ2
えびせんべい（揚げたもの）　適量

1　青パパイヤは皮をむき、ピーラーなどでせん切りにする。干しえびは水につけて戻し、粗く刻む。さやいんげんは3cm長さに切る。
2　すり鉢に干しえび、にんにく、赤唐辛子、ピーナツを入れてつぶし、さやいんげんを入れ、ミニトマトを手でちぎって加え、軽くつぶす。
3　2にきび砂糖、ライム汁、ナンプラーを加えて混ぜ合わせる。
4　3に1の青パパイヤを加え、しんなりするまで手でよく混ぜ合わせる。えびせんべいを添える。

青パパイヤはピーラー、スライサー、しりしり、チーズおろしなと（p.4参照）を使ってせん切りにする。

ベトナム風キャベツと文旦のサラダ

キャベツと文旦を組み合わせた、
軽い食べ心地のフレッシュサラダ。
文旦がないときは甘夏やグレープフルーツを使います。

材料／2〜3人分
キャベツ　½個
文旦　1個
香菜　1束
ベトナム風ドレッシング
　万能ねぎ　8本
　にんにく　1かけ
　紅花油　大さじ4
　ナンプラー　大さじ1
　米酢　大さじ3
　砂糖　大さじ1½
　塩　小さじ½
　赤唐辛子の小口切り　1本分
揚げエシャロット（p.13参照）
　適量

1　キャベツは1〜2cm幅の細切りにして塩小さじ½（分量外）をふって手でもみ、しっかりと水気を絞る。文旦は皮をむいて薄皮から実をとり出す。香菜は2〜3cm長さに切る。

2　ベトナム風ドレッシングを作る。万能ねぎは小口切りにしてボウルに入れる。にんにくはみじん切りにし、紅花油とともにフライパンに入れて熱し、香りが出たら油ごと万能ねぎにかける。

3　鍋にナンプラー、米酢、砂糖、塩を入れて火にかけ、砂糖が溶けたら火を止め、赤唐辛子と**2**を加える。

4　ボウルにキャベツと文旦を入れ、**3**と香菜を加えて手でしっかりとあえる。器に盛り、揚げエシャロットをのせる。

にんにくの香りが移った油とにんにくを、万能ねぎにかけて香味油を作る。これをもとにドレッシングを作る。

ベトナム風ドレッシング。焼きなす、蒸し鶏などにもよく合う。

ガドガドサラダ

インドネシアのサラダ。ガドガドは"寄せ集め"の意で、
厚揚げや温野菜、卵など、
いろいろな材料をとり合わせて作ります。
甘辛くてコクのあるピーナツソースでいただくのが特徴。

材料／2〜3人分
厚揚げ　1枚
ゆで卵　1個
キャベツ　2〜3枚
もやし　½袋
さやいんげん　8本
トマト　1個
ピーナツソース
　ピーナツ（ローストしたもの）
　　50g
　ピーナツバター　大さじ1
　おろしにんにく　½かけ分
　玉ねぎ　¼個
　豆板醤　小さじ1
　塩　小さじ½
　水　大さじ2
　ココナッツミルク　大さじ3
　きび砂糖　大さじ½
　干しえび　小さじ1
　レモン汁　大さじ½
　しょうゆ　小さじ1

1　厚揚げは2cm厚さに切り、ゆで卵は食べやすい大きさに切る。キャベツはゆでて食べやすい大きさに切る。もやし、さやいんげんもそれぞれゆで、ザルに上げて水気をきり、さやいんげんは半分の長さに切る。トマトはくし形に切る。
2　ピーナツソースを作る。フードプロセッサーにすべての材料を入れ、ペースト状になるまで撹拌する。
3　器に1を盛り合わせ、ピーナツソースをかける。

ピーナツソース。作り方はいろいろあるが、これはピーナツとピーナツバターを使ったチャンクタイプ。

88

89 アボカドとサルサのサラダ

ピリ辛のサルサをたっぷりとあえたアボカドのサラダ。
サルサは作ってすぐでもおいしいですが、1日おいて味をなじませても。

材料／2〜3人分
アボカド　1個
サルサ
　トマト　小2個
　玉ねぎ　⅓個
　にんにく　小1かけ
　ハラペーニョの酢漬け　20g
　香菜　1束
　塩　小さじ1
　ライム汁　½個分
　オリーブオイル　大さじ4

1 サルサを作る。トマトは1cm角に切り、玉ねぎは5mm角に切る。にんにくはみじん切りにし、ハラペーニョの酢漬けは粗みじん切りにする。香菜は刻む。
2 1をボウルに入れ、塩、ライム汁、オリーブオイルを加えてよく混ぜる。
3 アボカドは皮と種をとり、食べやすい大きさに切る。
4 ボウルにアボカドを入れ、**2**のサルサを加えてざっと混ぜ合わせる。

サルサは、野菜を食べる感覚。トマトと玉ねぎは食感を感じる大きさに。

90 セビーチェ

ライムの香りがさわやかな、中南米のマリネサラダ。
香菜とハラペーニョの酢漬けが必須。
えび、いか、たこ、まぐろなどで作っても。

材料／2〜3人分
白身魚の刺し身（鯛など）　150g
紫玉ねぎ　½個
セロリ　1本
ミニトマト　8個
香菜　1束
ハラペーニョの酢漬け　15g
塩　小さじ½
ライム汁　1個分
オリーブオイル　大さじ3

1　白身魚の刺し身は薄いそぎ切りにする。
2　紫玉ねぎ、セロリは5mm角に切り、ミニトマトはヘタをとって縦半分に切る。香菜は葉はざく切り、軸はみじん切りにする。ハラペーニョの酢漬けはみじん切りにする。
3　ボウルに1と2を入れて混ぜ合わせ、塩、ライム汁、オリーブオイルを加えてあえ、少しおいて味をなじませる。

91 まぐろのタルタルサラダ

まぐろと相性のよいアボカドを組み合わせ、
オリーブオイルと卵の黄身でコクを出した、タルタルサラダ。
わさびを利かせたサワークリーム＆ガーリックトーストを添え、
キーンと冷えた白ワインとともに楽しみます。

材料／2〜3人分
- まぐろの刺し身（中とろまたは赤身） 150g
- ゆで卵の黄身 1個分
- きゅうりのピクルス 4本
- エシャロットのみじん切り 大さじ1
- オリーブオイル 大さじ2
- レモン汁 大さじ1
- 塩 小さじ1/2
- こしょう 少々
- アボカド 1/2個

ガーリックトースト
- バゲット 1/4本
- にんにく、オリーブオイル 各適量

- サワークリーム 大さじ3
- わさびのみじん切り 小さじ1
- シブレットの小口切り 適量

作り方

1　ガーリックトーストを作る。バゲットは6〜7mm厚さに切り、にんにくをこすりつけてオリーブオイルをぬり、オーブントースターで焼く。

2　まぐろは5mm角に切る。ゆで卵の黄身はフォークなどでつぶす。ピクルスはみじん切りにする。

3　ボウルに2、エシャロットを入れ、オリーブオイル、レモン汁、塩、こしょうを加えてあえる。

4　アボカドは皮と種をとり、1cm角に切る。3に加えて混ぜる。

5　サワークリームとわさびは混ぜ合わせる。

6　器に、側面にオリーブオイルをぬったセルクルをおき、4を詰めて抜く。シブレットの小口切りを散らし、オリーブオイル少々（分量外）を回しかける。1のガーリックトーストと5を添える。

ガーリックトーストは、バゲットににんにくの切り口をこすりつけて香りを移し、オリーブオイルをぬって焼く。

まぐろ、黄身、ピクルス、エシャロットに、オリーブオイル、レモン汁、塩、こしょうで味をつける。

ガーリックトーストにわさび風味のサワークリームをぬり、まぐろのタルタルをのせていただく。

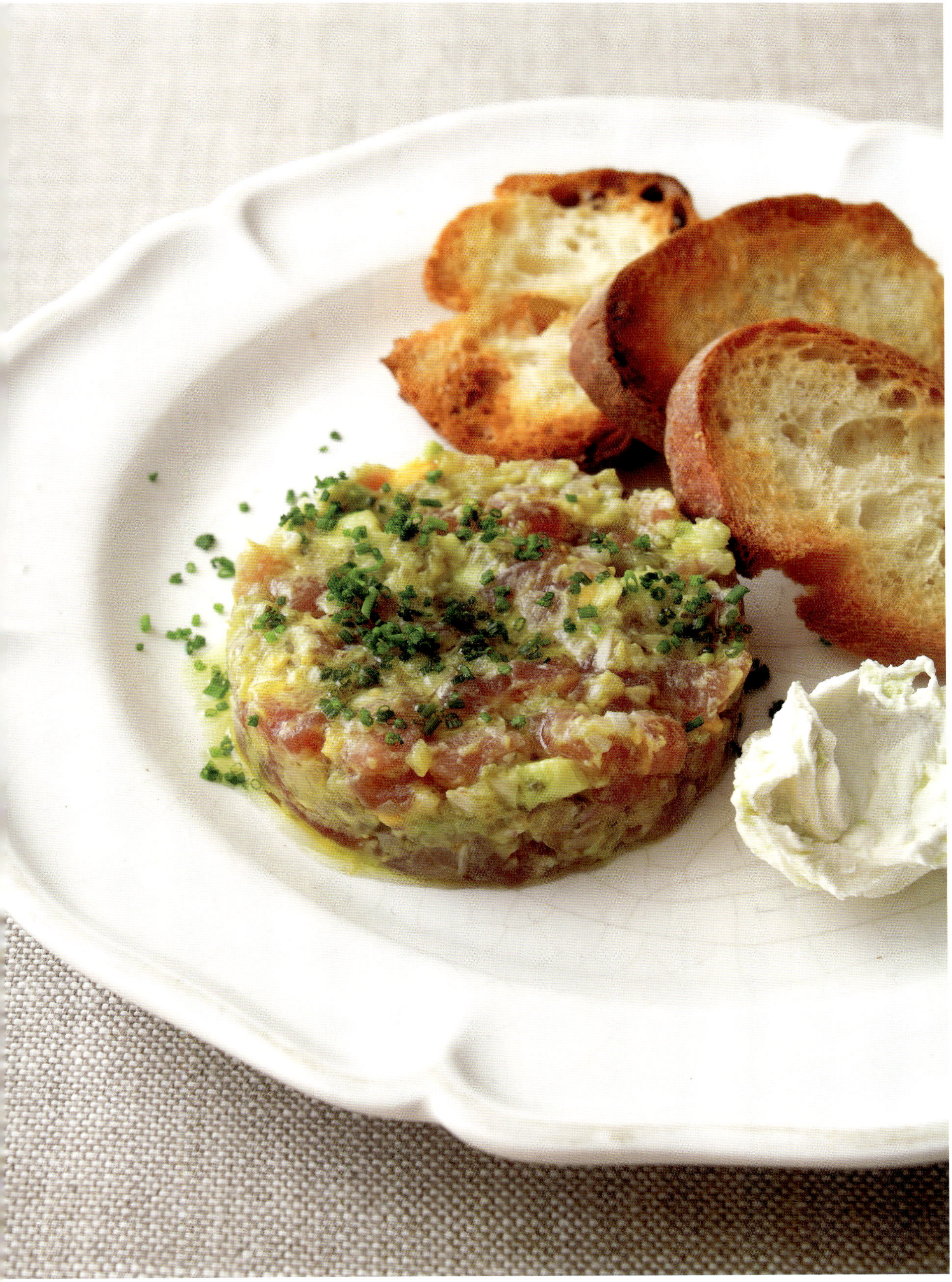

92 しめさばとディルのサラダ

塩をふって酢につけることにより、しっかりと水分が抜けて味が締まり、おいしさが長もちします。
ここではレモンも加えてさわやかさを演出し、さばと相性のよいディルを用いてサラダ仕立てにします。

材料／2～3人分
さば（3枚におろしたもの）　1尾
塩　適量
米酢　適量
レモンの薄切り　4枚
ディル　2パック
ルッコラ　1束
レモン汁　大さじ1
しょうゆ　少々
オリーブオイル　適量

1　バットに網を重ねてキッチンペーパーを敷き、さばを並べる。両面に塩をしっかりとふり、皮目を下にして室温で2時間ほどおく。
2　1を米酢で洗い、表面の塩を落とす。目立つ小骨はピンセットでていねいに抜く。
3　2のさばをバットに並べ、米酢をひたひたに注ぎ、レモンの薄切りをのせて15～30分おく。
4　3の汁気を拭き、皮をひいてそぎ切りにする。
5　ボウルに4を入れ、ちぎったディル、ルッコラ、レモン汁、しょうゆ、塩少々、オリーブオイルを加えてさっとあえる。

さばはしっかりと塩をふるのがポイント。余分な水分と臭みが抜け、酢が入りやすくなる。

バットに酢適量を入れ、さばを入れて洗い、塩を落とす。

新たに米酢を入れ、レモンの薄切りを加える。レモンの代わりにゆず、かぼすでもよい。

15～30分おいて酢じめにしたら、そぎ切りにする。しめる時間は好みで加減してよい。

しめさばをそのままサラダにするほか、皮をひかずにバーナーで軽く焼いて、あぶりさばにしても。

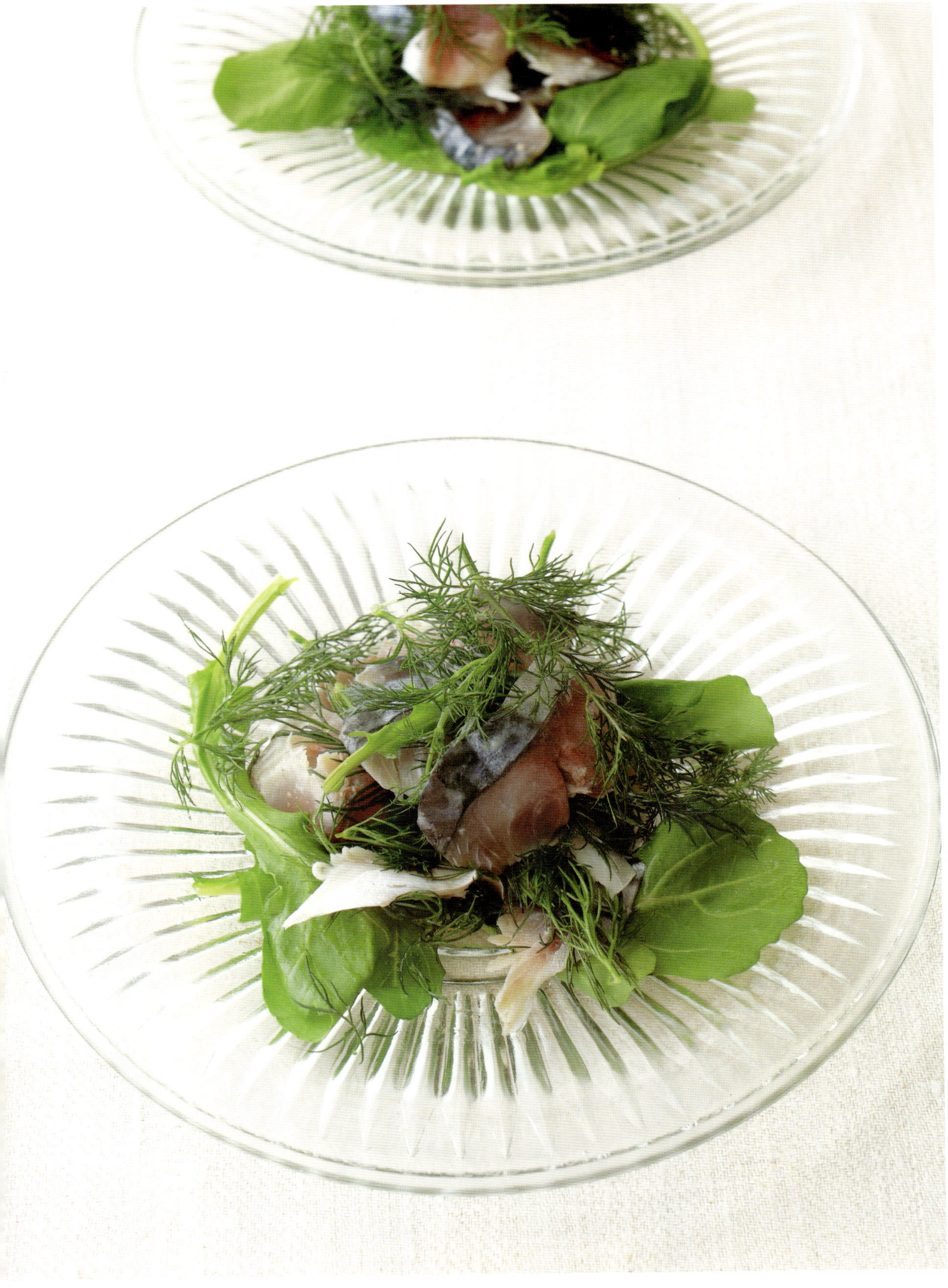

93 シーフードサラダ

えびはゆで、帆立て貝柱はオリーブオイルでさっと焼き、
ムール貝は白ワイン蒸し。
それぞれの素材のおいしさを引き出した、ちょっと贅沢な1品。
セロリ、アンディーブなど、
香りのよい生野菜を加えて仕上げます。

材料／2〜3人分
えび（無頭・殻つき）　8尾
ゆでだこ　200g
ムール貝（殻をきれいにしたもの）　8個
白ワイン　¼カップ
帆立て貝柱　4〜6個
玉ねぎ　¼個
セロリ　½本
レモンの薄切り　4〜5枚
塩　小さじ⅔
白ワインビネガー　小さじ1
レモン汁　小さじ2
オリーブオイル　適量
アンディーブ　適量

1 えびは背ワタをとり、レモンの薄切り1枚と白ワイン少々（各分量外）を加えた熱湯でゆで、尾を残して殻をむく。ゆでだこはそぎ切りにする。

2 ムール貝は鍋に入れて白ワインを注ぎ、火にかける。ふたをして殻が開くまで蒸し煮し、蒸し汁はとっておく。

3 貝柱はオリーブオイル少々を熱したフライパンに並べ入れ、強火で両面をさっと焼く。

4 玉ねぎは薄切りにし、セロリは斜め薄切りにする。

5 バットに**1**、**2**、**3**を入れ、**4**と残りのレモンをのせ、**2**の蒸し汁、塩、白ワインビネガー、レモン汁、オリーブオイル¼カップを回しかける。冷蔵庫に30分〜1時間入れ、味をなじませる。

6 アンディーブを手でちぎり、**5**と合わせてざっくりとあえる。

えびは殻ごとゆでるとジューシー。レモンと白ワインを入れると、臭みが抜ける。

ムール貝は白ワインで蒸し煮。身が殻からはずれたものは身だけにし、殻にくっついているものはそのままマリネする。

貝柱は表面をさっと焼いてうまみを封じ込める。使う油はオリーブオイルがおすすめ。

塩、白ワインビネガー、レモン汁、オリーブオイルを加え、味がなじむまでおく。

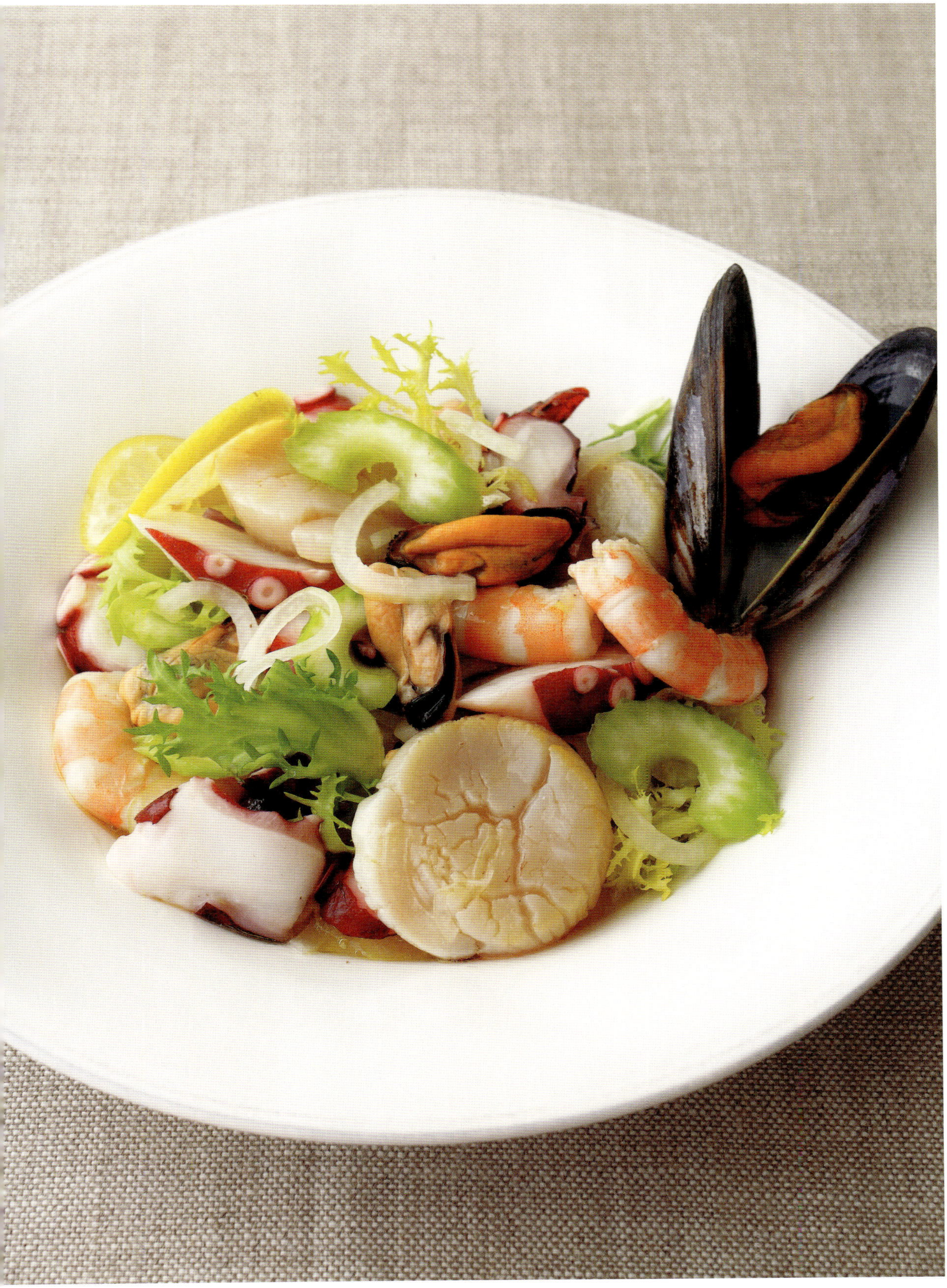

94 やりいかとそら豆のサラダ

やりいかは強火でさっと炒めてやわらかさを残して火を通し、
そら豆は仕上げに加えて香りを生かすのがポイント。
シェリービネガーで炒め合わせ、
さわやかな酸味とほのかな甘みを楽しみます。

材料／2～3人分
やりいか　2はい
そら豆（さやなし）　60g
にんにく　1かけ
ルッコラ　2束
オリーブオイル　大さじ4
塩　小さじ½
こしょう　適量
シェリービネガー　大さじ2
ペコリーノチーズ　適量

1　やりいかは胴から足を抜き、軟骨、内臓、くちばしを除き、さっと洗ってペーパータオルで水気を拭く。足は食べやすい長さに切り、胴は2cm幅の輪切りにする。

2　そら豆は黒い爪のところに包丁で浅く切り込みを入れ、塩少々（分量外）を加えた熱湯でかためにゆで、薄皮をむく。にんにくはみじん切りにする。ルッコラは洗ってしっかりと水気をきる。

3　フライパンにオリーブオイルとにんにくを入れて弱火で炒め、香りが出たらやりいかを加えて強火にし、さらに炒める。

4　塩、こしょう少々、シェリービネガーを加えて強火で炒め合わせ、最後にそら豆を加えてさっと炒める。

5　器にルッコラを敷き、**4**を盛る。ペコリーノチーズをスライサーで削ってのせる。こしょう少々をふる。

やりいかは内臓と足の間についているくちばしをとる。いかの基本の下ごしらえ。

胴は皮をつけたまま輪切りにする。皮が気になる場合はむいてもよい。

オリーブオイルとにんにくを弱火で炒め、にんにくの香りを引き出す。

やりいかを加えたら強火で手早く炒める。炒めすぎるとかたくなってしまうので注意。

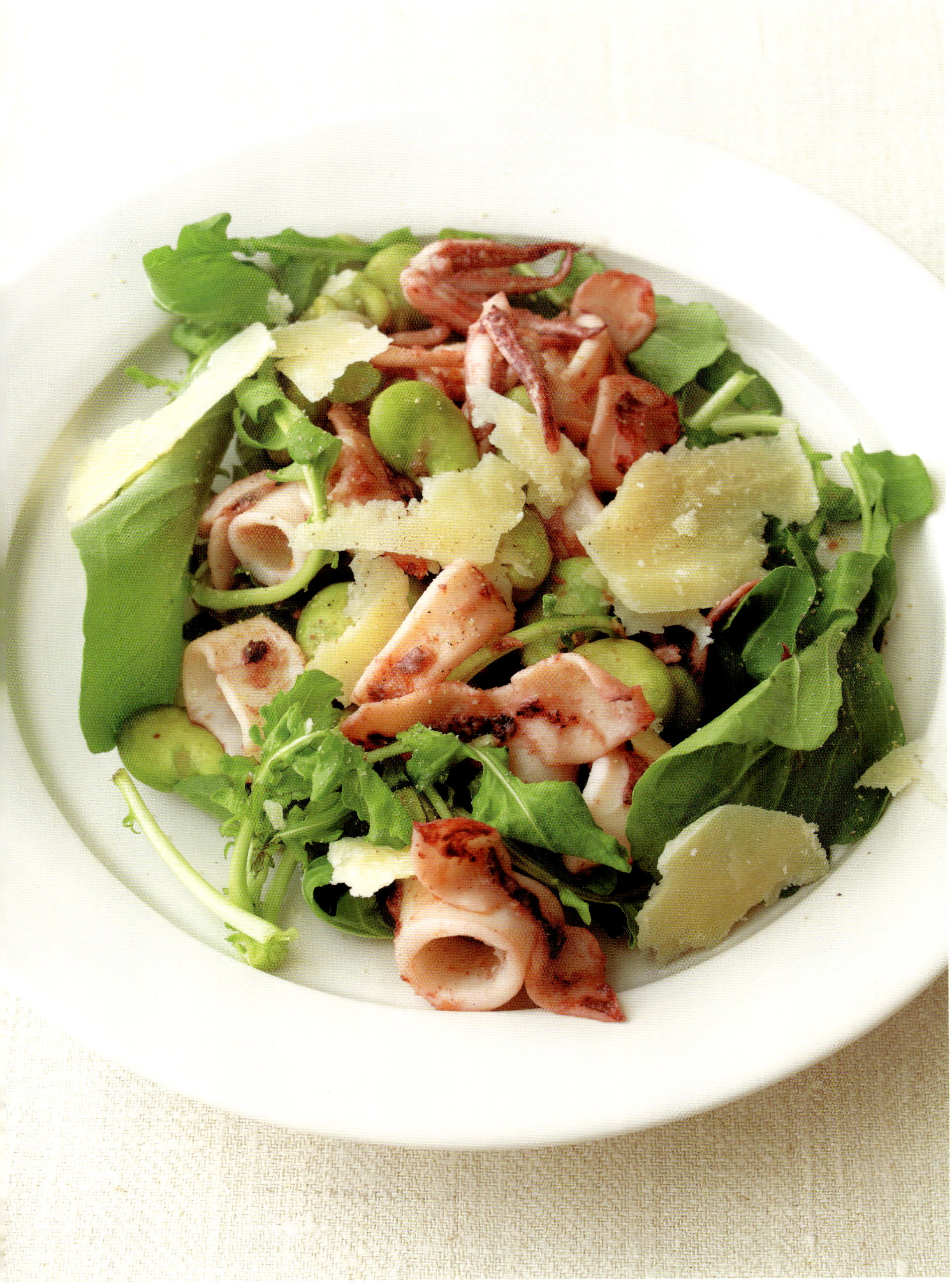

95 帆立て貝柱のバルサミコソテーサラダ

貝柱の焼き汁に白ワイン、バルサミコ酢、バターなどを加えて作るソースが、おいしさの要。甘みと酸味のバランスがよく、メインディッシュになるひと皿です。
貝柱は厚さを半分に切って炒め、ソースの味がよく絡むように仕上げます。

材料／2〜3人分
- 帆立て貝柱　6個
- アスパラガス　6本
- にんにく　1かけ
- レタス　½個
- サラダ菜　3〜4枚
- オリーブオイル　大さじ2
- 白ワイン　大さじ4
- バルサミコ酢　大さじ2
- 塩　小さじ⅔
- こしょう　少々
- バター　大さじ1
- 松の実（ローストしたもの）　大さじ1

1 貝柱は半分の厚さに切る。アスパラガスは3〜4cm幅の斜め切りにし、塩少々（分量外）を加えた熱湯でさっとゆで、水気をきる。にんにくはつぶす。

2 レタスとサラダ菜は冷水に放し、しっかりと水気をきり、手でちぎる。

3 フライパンにオリーブオイル小さじ2とにんにくを入れて熱し、貝柱を並べ入れ、両面焼く。貝柱とにんにくはとり出す。

4 3のフライパンに白ワインを加え、フライパンの焼き焦げをこそげながら煮詰める。バルサミコ酢、塩、こしょう、残りのオリーブオイルを加えてさらに煮詰め、バターを加えて火を止める。

5 4に貝柱とアスパラガスを加えて絡める。

6 器にレタスとサラダ菜を敷き、5を盛り、松の実を散らす。粗びき黒こしょう（分量外）をふる。

貝柱はにんにくの香りが移った油で焼き、いったんとり出す。

貝柱を焼いたフライパンに白ワインを加え、フライパンについた焼き焦げとうまみをこそげとる。

バルサミコ酢、塩、こしょう、残りのオリーブオイルを加えて煮詰め、うまみを凝縮させる。

バターを加えて溶かし、コクのあるソースに仕上げる。ここに貝柱を戻して絡める。

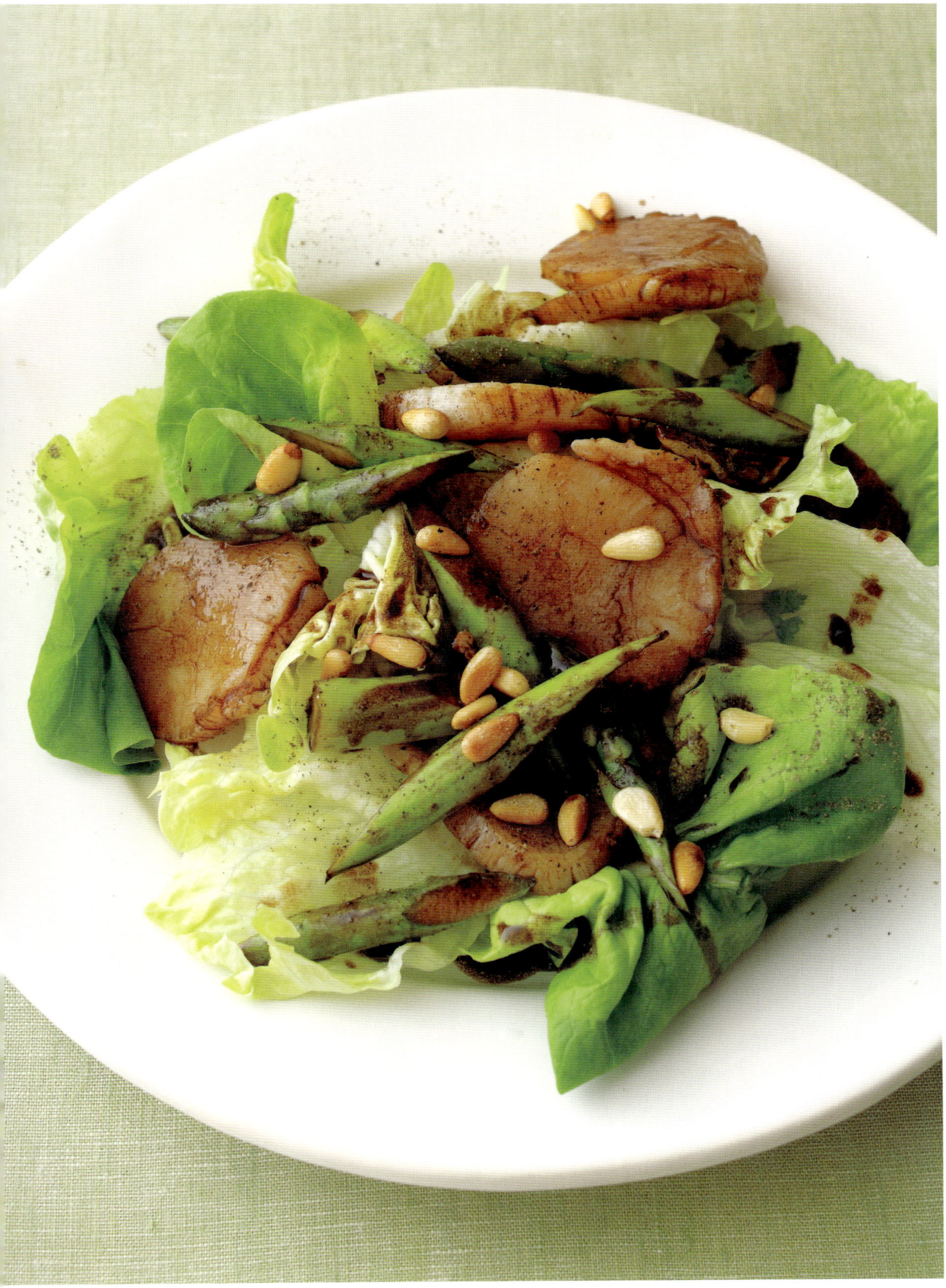

96 揚げさんまと香菜のサラダ

香ばしく揚げたさんまは、ほんのりクミン風味。
香菜、紫玉ねぎと一緒に頬張るのが最高！
味つけは、オリーブオイル、レモン汁、塩、こしょうで
シンプルに。

材料／2～3人分
さんま　2尾
塩、こしょう　各適量
クミンパウダー　小さじ1
小麦粉　適量
揚げ油　適量
香菜　1束
紫玉ねぎ　1/2個
オリーブオイル　大さじ2
しょうゆ　小さじ2
レモン汁　大さじ1

1　さんまは頭を落として内臓をとり除き、流水で洗い、ペーパータオルでしっかりと水気を拭く。筒切りにし、塩、こしょう各少々をふり、クミンパウダー、小麦粉をまぶす。

2　揚げ油を中温に熱し、1を入れ、じっくりと揚げる。

3　香菜は2～3cm長さに切り、紫玉ねぎは薄切りにして水に放し、しっかりと水気をきる。香菜と紫玉ねぎをボウルに合わせ、オリーブオイル、塩小さじ1/2、しょうゆ、レモン汁を加えて手でよくあえる。

4　器に2のさんまを盛り、3をのせる。

さんまは頭を落として内臓をとり除き、食べやすい大きさの筒切りにする。

さんまに塩、こしょうをふり、クミンパウダーをまぶして風味をつける。

小麦粉をまぶしつけ、揚げ油で揚げる。皮がパリッと香ばしくなるまでじっくりと揚げる。

香菜と紫玉ねぎは、オリーブオイル、塩、しょうゆ、レモン汁であえる。揚げさんまによく合う。

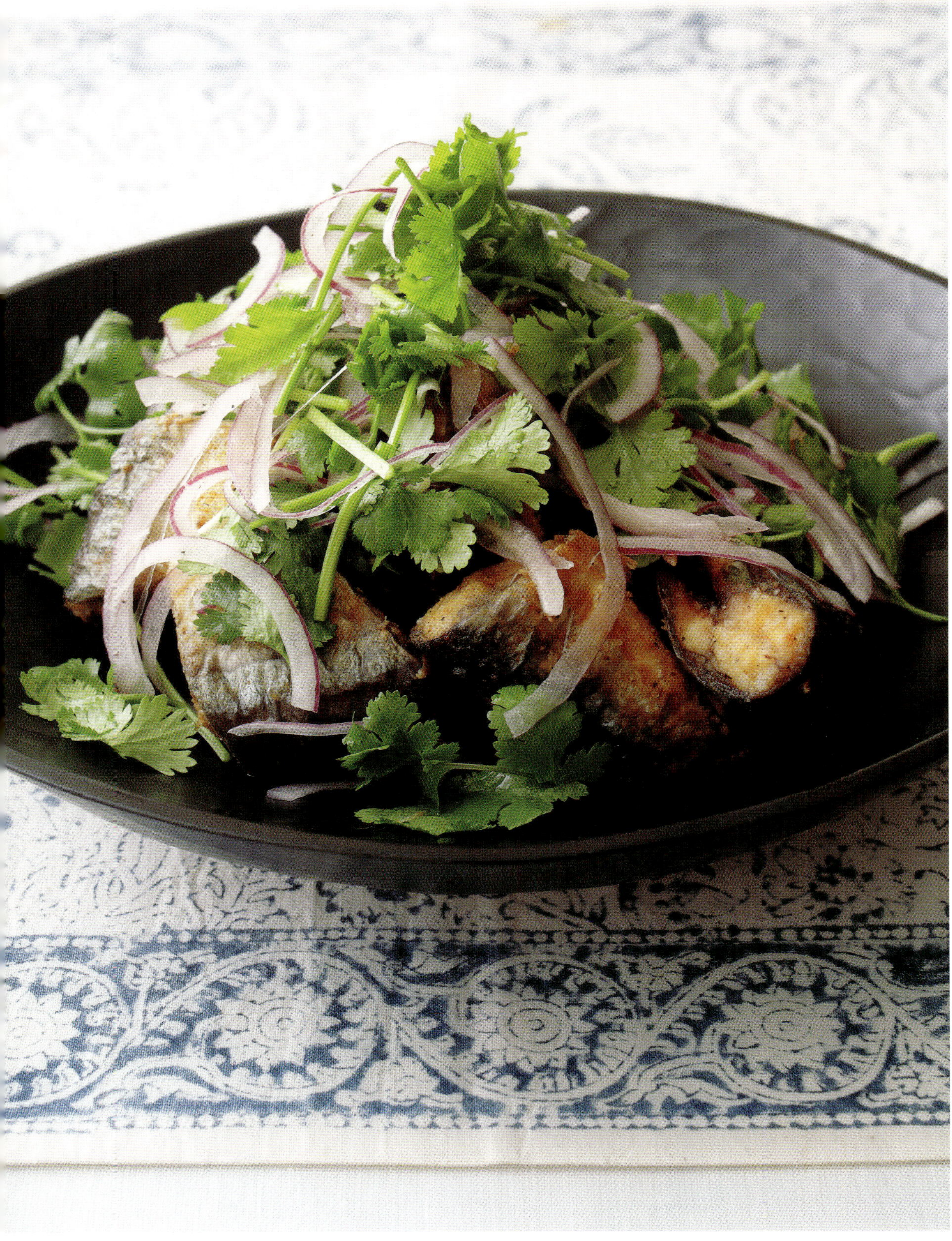

97 ローストチキンのサラダ

鶏もも肉をフライパンでローストしたお手軽バージョン。
皮をカリッと焼いて、生野菜と合わせます。
アンディーブ、チコリなど、ほろ苦野菜との相性が二重丸。
残ったら、サンドイッチにしてもおいしい！

材料／2～3人分
鶏もも肉　大1枚
塩、こしょう　各適量
小麦粉　適量
オリーブオイル　大さじ1
フレンチドレッシング
　赤ワインビネガー　大さじ1
　フレンチマスタード　小さじ2
　塩　小さじ½
　こしょう　少々
　オリーブオイル　大さじ4
アンディーブ、チコリ　各適量

1　鶏肉は余分な脂や筋をとり除き、身の厚いところはそぐようにして開く。皮目にフォークで数ヶ所穴をあけ、塩、こしょうをふり、小麦粉をまぶす。

2　フライパンにオリーブオイルを熱し、1を皮目を下にして入れ、中火でじっくりと焼く。ときどきフライパンを傾けて油をスプーンですくってかけ、トングなどで上から押さえて皮をパリッと焼く。

3　2を裏返し、さらに油をかけながら3～4分焼き、香ばしく焼き上げる。とり出してペーパータオルなどの上にのせ、油をきる。

4　フレンチドレッシングを作る。ボウルにオリーブオイル以外の材料を入れてよく混ぜ合わせ、オリーブオイルを少しずつ加えて乳化するまでよく混ぜる。

5　アンディーブとチコリは1枚ずつに分け、冷水に放し、しっかりと水気をきる。食べやすい大きさに切る。

6　3の鶏肉を食べやすい大きさに切り、5とともに器に盛る。4のドレッシングをかける。

鶏肉は火の通りを均一にしたいので、身の厚いところは包丁でそぐようにして開く。

鶏肉には塩とこしょうで下味をつけ、小麦粉をまぶす。小麦粉をつけたほうがパリッと焼き上がる。

ときどきフライパンを傾けて油をスプーンですくってかけ、全体に油を回すとよい。

トングなどで上から押さえ、鶏肉をフライパンに押しつけてパリッと焼き上げる。

117

98 砂肝コンフィのサラダ

低温の油でじっくりと煮た砂肝のコンフィは、
余分な水分が抜けておいしさ倍増。
そのまま食べてもおいしいですが、
ここでは生野菜を組み合わせてサラダ仕立てにします。
赤ワインに合うひと皿です。

材料／2〜3人分

砂肝のコンフィ（作りやすい分量）
  砂肝　500g
  塩　小さじ2
  ラード　200g
  サラダ油　1カップ
マッシュルーム（ブラウン）　5個
エシャロット　½個
にんにく　½かけ
クルミ（ローストしたもの）　30g
ベビーリーフ、クレソン、
  トレビス　各適量
オリーブオイル　大さじ3
塩　小さじ⅔
こしょう　少々
シェリービネガー　大さじ2

1　砂肝のコンフィを作る。砂肝はバットなどに入れて塩をまぶし、冷蔵庫に入れてひと晩おく。
2　1の水分をペーパータオルでしっかりと拭き、鍋に移し、ラード、サラダ油を加えて弱火にかける。温度を80℃に保ちながら1時間〜1時間30分煮る。
3　砂肝のコンフィ5〜6個は半分に切る。マッシュルームは石づきをとって5mm幅に切る。エシャロット、にんにくはみじん切りにする。クルミは粗く刻む。
4　ベビーリーフ、クレソン、トレビスは洗って水気をきり、クレソンは葉先を摘み、トレビスは手でちぎる。
5　フライパンにオリーブオイルを熱してエシャロットとにんにくを炒め、香りが出たらマッシュルーム、砂肝のコンフィを加えて強火で炒める。塩、こしょうをふり、シェリービネガーとクルミを加えて強火でざっと炒める。
6　器に4を盛り、5をのせる。

砂肝は塩をまぶし、冷蔵庫にひと晩おいて余分な水分を出す。

油の温度を80℃に保ちながら1時間〜1時間30分煮る。料理用温度計があると便利。

コンフィのでき上がり。サラダに使うのは5〜6個。使わない分は油ごと保存容器に入れて冷蔵保存するとよい。

砂肝のコンフィを半分に切り、マッシュルームなどとともに炒めてサラダに使う。

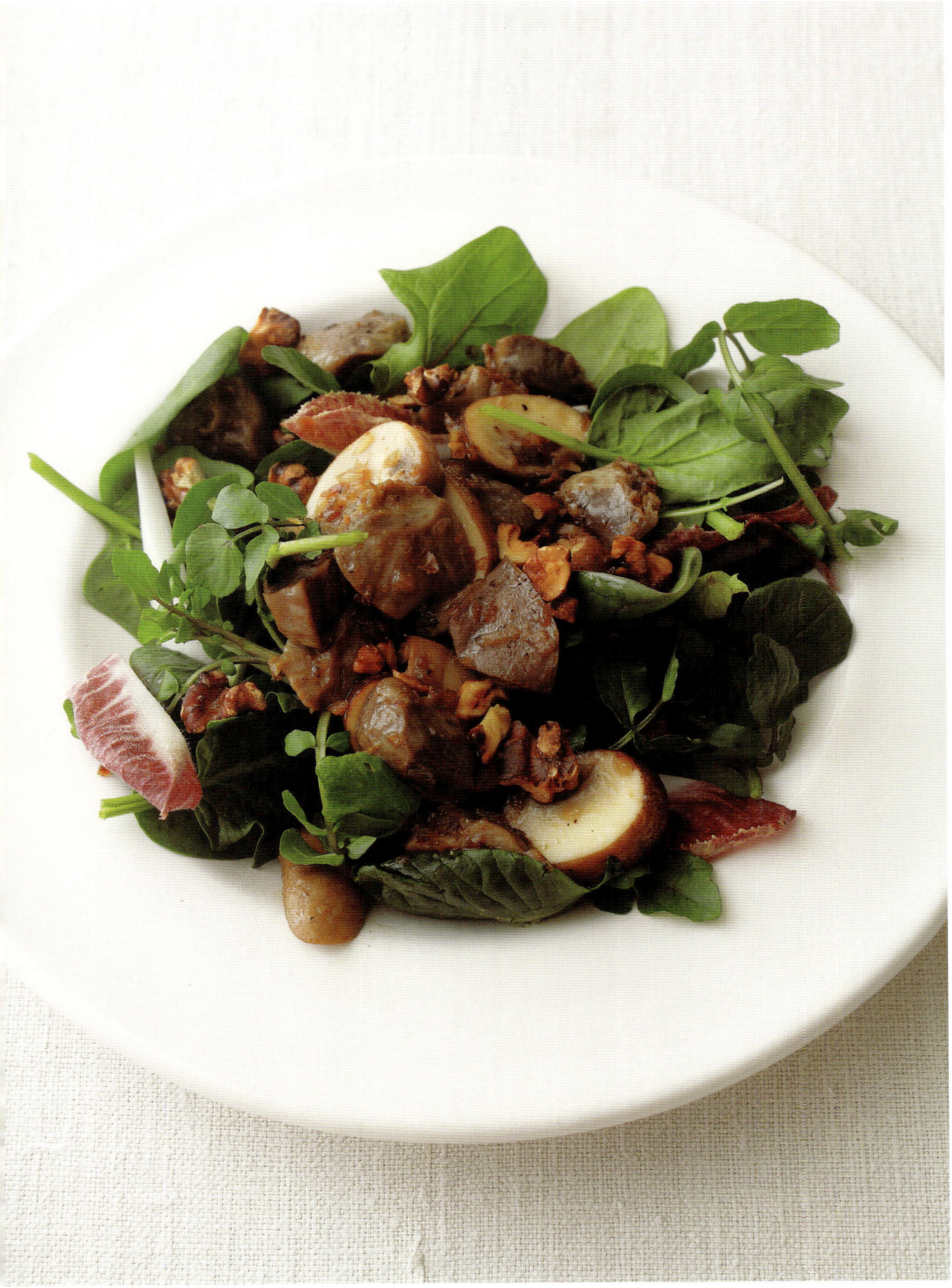

99 ローストポークのサラダ

かたまりの豚肉をオーブンで焼き上げてローストポークを作り、
薄切りにしてサラダにします。
アンチョビー、オリーブ、ケイパーなどで作る
パンチのあるタプナードソースが、おいしさを盛り上げます。

材料／2〜3人分
豚肩ロース肉（かたまり）
　400〜500g
塩　小さじ2
こしょう　少々
オリーブオイル　小さじ2

タプナードソース
　アンチョビー　10g
　グリーンオリーブ（種なし）
　　40g
　にんにく　1/2かけ
　オリーブオイル　20ml
　ケイパー　5g
　フレンチマスタード　小さじ1
　レモン汁　小さじ1
ベビーリーフ、クレソン、
　トレビス　各適量

1　豚肉はタコ糸で縛って形を整え、塩、こしょうをすり込み、1時間ほどおく。
2　フライパンにオリーブオイルを熱し、1の表面を焼き色がつくまで焼く。オーブンシートを敷いた天板にのせ、190℃のオーブンで35〜40分焼く。
3　タプナードソースを作る。ソースの材料すべてをフードプロセッサーに入れて撹拌し、ペースト状にする。
4　ベビーリーフ、クレソン、トレビスは洗って水気をきり、クレソンは葉を摘み、トレビスは手でちぎる。
5　2を薄切りにし、4とともに器に彩りよく盛りつける。タプナードソースをかける。

豚肉は塩、こしょうをすり込んで1時間ほどおき、余分な水分を抜いて下味をつける。

フライパンで転がしながら表面全体に焼き色をつける。これでうまみを逃さない。

オーブンで香ばしく焼いて、ローストポークの完成。タコ糸をはずす。

タプナードソース。残ったら、焼いたバゲットにぬって食べても。

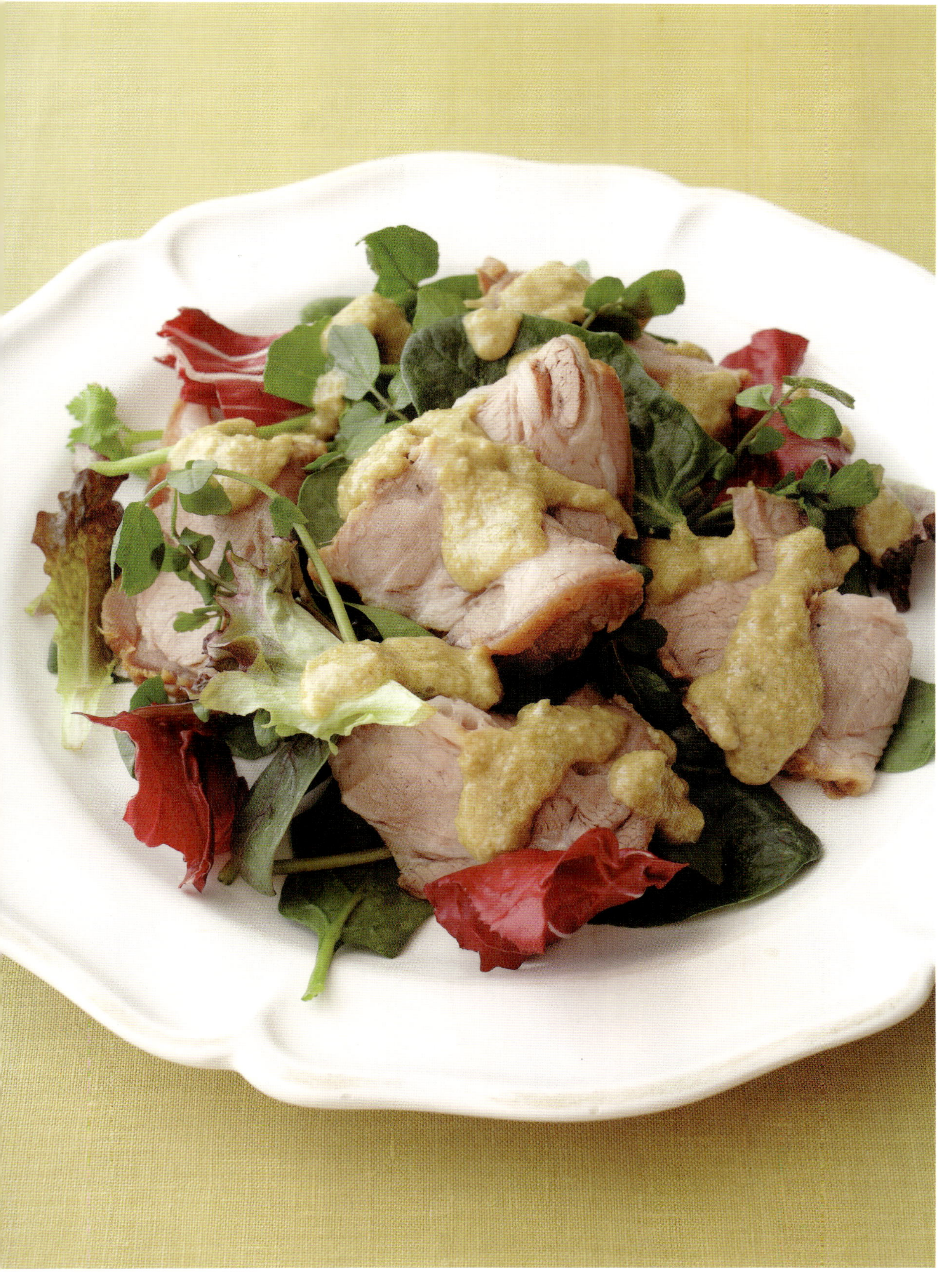

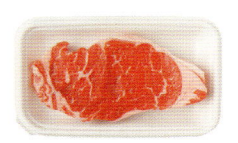

100 ステーキサラダ

フレンチドレッシングであえたクレソン＆せり、
しょうゆバターを絡めたステーキ。
サラダにするには絶妙のコンビ！
赤ワインにも、ごはんにも合うのが、人気のゆえんです。

材料／2〜3人分
牛サーロイン（ステーキ用）　1枚
塩、粗びき黒こしょう　各適量
クレソン　1束
せり　1/2束
フレンチドレッシング
　赤ワインビネガー　大さじ1
　フレンチマスタード　小さじ2
　塩　小さじ1/2
　こしょう　少々
　オリーブオイル　大さじ4
サラダ油　小さじ2
バター　大さじ1
しょうゆ　小さじ2

1　牛肉は焼く1時間ほど前に冷蔵庫から出しておく。
2　フレンチドレッシングを作る。ボウルにオリーブオイル以外の材料を入れてよく混ぜ合わせ、オリーブオイルを少しずつ加えて乳化するまでよく混ぜる。
3　クレソンは葉を摘み、せりは3cm長さに切る。ボウルに合わせ、**2**を加えて手であえる。
4　フライパンにサラダ油を熱し、**1**の牛肉に塩と粗びき黒こしょうをふって入れ、強火で両面焼く。バターとしょうゆを加えてさっと絡める。
5　器に**3**を敷き、**4**を食べやすい大きさに切って盛る。

クレソンは葉を摘む。かたい軸の部分は使わない。せりは3cm長さに切る。

クレソンとせりはフレンチドレッシングであえておく。

牛肉は好みの焼き加減に焼く。部位も好みのものでよい。

牛肉が焼けたら、強火のまま、バターとしょうゆを加える。

バターとしょうゆを絡め、照りよく仕上げる。今回はごはんに合う味つけに。

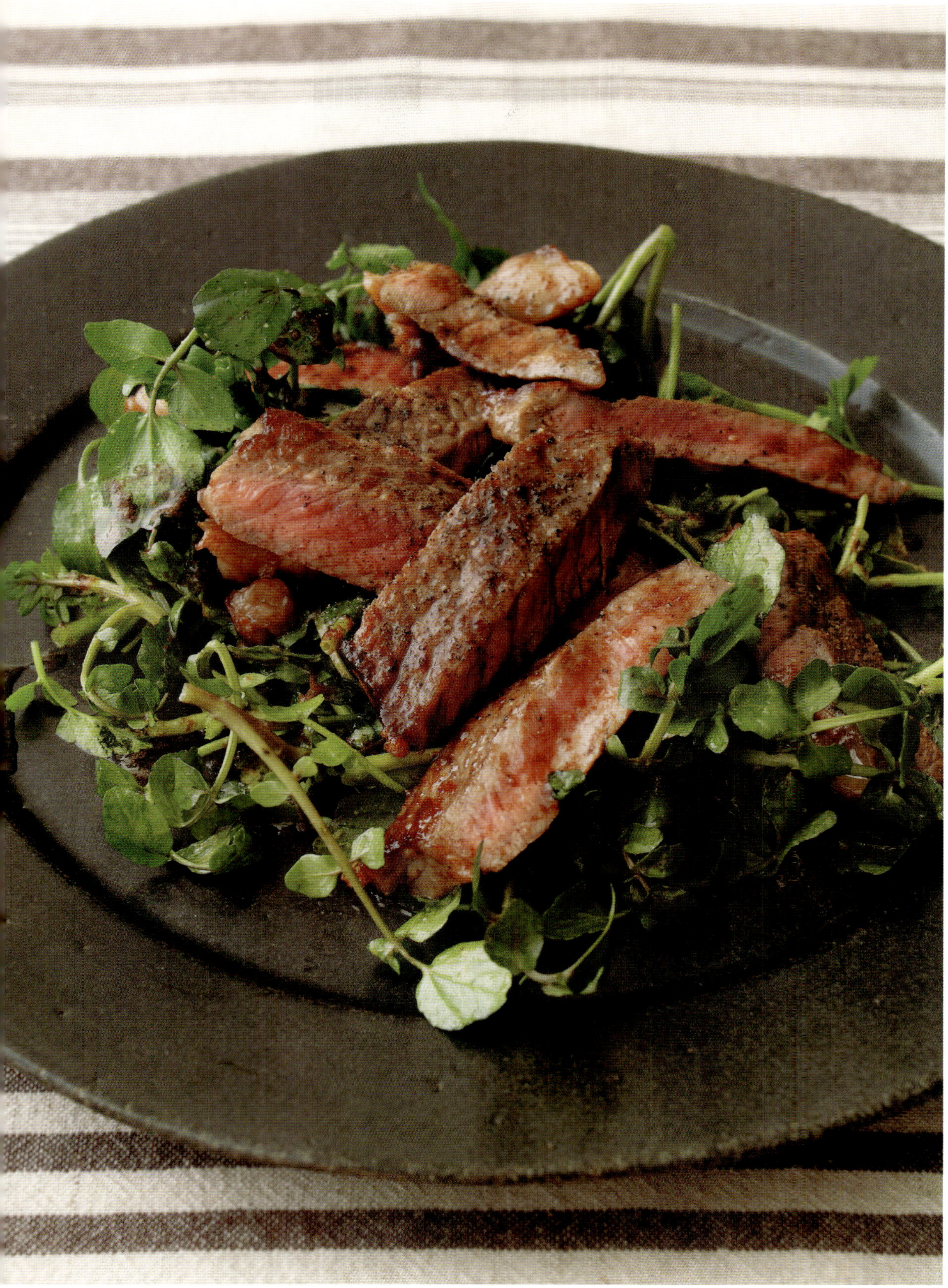

食べたい素材で探す index

...... **野菜**

■青じそ
　豚しゃぶサラダ　36
■アスパラガス・ホワイトアスパラガス
　コンビネーションサラダ　14
　温野菜のサラダ・バーニャカウダソース　23
　ポーチドエッグとアスパラガスのサラダ　41
　ホワイトアスパラのサラダ　57
　帆立て貝柱のバルサミコソテーサラダ　112
■アンディーブ
　ローストチキンのサラダ　116
■うど
　コンビネーションサラダ　14
■枝豆
　豆と揚げピーナツのサラダ　89
■オクラ
　オクラのスパイシーサラダ　88
■貝割れ菜
　ゆで卵のサラダ　40
■かぶ
　温野菜のサラダ・バーニャカウダソース　23
　かぶのサラダ　61
■かぼちゃ
　揚げかぼちゃのサラダ　72
■カリフラワー
　温野菜のサラダ・バーニャカウダソース　23
　カリフラワーとブロッコリーのナムル風　93
■キャベツ
　コールスローサラダ　20
　タイ風ひき肉のサラダ　96
　ベトナム風キャベツと文旦のサラダ　100
　ガドガドサラダ　101
■きゅうり
　コンビネーションサラダ　14
　マセドアンサラダ　18
　発芽玄米のライスサラダ　29
　マカロニサラダ　30
　中華風春雨サラダ　33
　ベーシックなポテトサラダ　42
　きゅうりのサラダ　53
　モロカンサラダ　85
　クスクスのサラダ　87
　豆と揚げピーナツのサラダ　89
　蒸し鶏のサラダ・バンバンジー風　90
　牛肉と野菜の韓国風サラダ　94
　タイ風春雨のサラダ　98
■グリンピース
　マセドアンサラダ　18
　青い豆のサラダ　50

■クレソン
　豆腐と揚げじゃこのサラダ　37
　ベビーリーフのサラダ　54
　砂肝コンフィのサラダ　118
　ローストポークのサラダ　120
　ステーキサラダ　122
■ごぼう
　揚げごぼうのサラダ　73
■里芋
　里芋のサラダ　75
■さやいんげん
　ニース風サラダ　16
　カレー風味のパスタサラダ　32
　揚げいんげんのサラダ　74
　牛肉と野菜の韓国風サラダ　94
　青パパイヤのサラダ　99
　ガドガドサラダ　101
■サラダ菜
　ニース風サラダ　16
　小えびフライのサラダ　28
　いわしとスクランブルエッグのサラダ　80
■シブレット
　じゃがいものサワークリームサラダ　47
■じゃがいも
　ニース風サラダ　16
　マセドアンサラダ　18
　温野菜のサラダ・バーニャカウダソース　23
　ベーシックなポテトサラダ　42
　かにとそら豆のポテトサラダ　44
　玉ねぎと生ハムのポテトサラダ　46
　じゃがいものサワークリームサラダ　47
　揚げじゃがいものサラダ　48
　ジャーマンポテト風サラダ　49
　塩だらとじゃがいものサラダ　82
　タラモサラダ　84
■香菜（シャンツァイ）
　中華風刺し身サラダ　34
　揚げじゃがいものサラダ　48
　豆と揚げピーナツのサラダ　89
　豆腐干絲のサラダ　92
　タイ風ひき肉のサラダ　96
　ベトナム風キャベツと文旦のサラダ　100
　アボカドとサルサのサラダ　102
　セビーチェ　103
　揚げさんまと香菜のサラダ　114
■春菊
　春菊のサラダ　69
■ズッキーニ
　ズッキーニのサラダ　66
■スナップえんどう・砂糖ざや
　温野菜のサラダ・バーニャカウダソース　23
　青い豆のサラダ　50

■せり
　豆腐と揚げじゃこのサラダ　37
　ステーキサラダ　122
■セロリ
　コンビネーションサラダ　14
　マセドアンサラダ　18
　たことセロリのサラダ　24
　かにのトマトファルシサラダ　26
　発芽玄米のライスサラダ　29
　中華風刺し身サラダ　34
　タイ風春雨のサラダ　98
　セビーチェ　103
　シーフードサラダ　108
■セロリアック
　セロリアックのサラダ　59
■そら豆
　かにとそら豆のポテトサラダ　44
　青い豆のサラダ　50
　やりいかとそら豆のサラダ　110
■大根
　中華風刺し身サラダ　34
　大根のサラダ　68
　牛肉と野菜の韓国風サラダ　94
■たけのこ
　焼きたけのこのサラダ　71
■玉ねぎ・紫玉ねぎ
　コールスローサラダ　20
　玉ねぎとスモークサーモンのサラダ　21
　かにのトマトファルシサラダ　26
　発芽玄米のライスサラダ　29
　マカロニサラダ　30
　カレー風味のパスタサラダ　32
　豚しゃぶサラダ　36
　ゆで卵のサラダ　40
　ベーシックなポテトサラダ　42
　かにとそら豆のポテトサラダ　44
　玉ねぎと生ハムのポテトサラダ　46
　きゅうりのサラダ　53
　トマトのサラダ　56
　焼き玉ねぎのサラダ　65
　コーンのサラダ　75
　白いんげん豆のサラダ　76
　レンズ豆のサラダ　79
　塩だらとじゃがいものサラダ　82
　パンツァネッラ　83
　タラモサラダ　84
　モロカンサラダ　85
　クスクスのサラダ　87
　アボカドとサルサのサラダ　102
　セビーチェ　103
　シーフードサラダ　108
　揚げさんまと香菜のサラダ　114

■チコリ
　ローストチキンのサラダ　116
■ディル
　しめさばとディルのサラダ　106
　玉ねぎとスモークサーモンのサラダ　21
■とうもろこし
　コーンのサラダ　75
　豆と揚げピーナツのサラダ　89
■トマト・ミディトマト・ミニトマト
　コンビネーションサラダ　14
　ニース風サラダ　16
　トマトとモッツァレラチーズのサラダ　22
　かにのトマトファルシサラダ　26
　発芽玄米のライスサラダ　29
　トマトのサラダ　56
　ミニトマトのマリネサラダ　57
　パンツァネッラ　83
　モロカンサラダ　85
　クスクスのサラダ　87
　豆と揚げピーナツのサラダ　89
　タイ風春雨のサラダ　98
　青パパイヤのサラダ　99
　ガドガドサラダ　101
　アボカドとサルサのサラダ　102
　セビーチェ　103
■トレビス
　砂肝コンフィのサラダ　118
　ローストポークのサラダ　120
■長ねぎ
　豆腐と揚げじゃこのサラダ　37
　蒸し鶏のサラダ・バンバンジー風　90
　豆腐干絲のサラダ　92
■なす
　トルコ風なすのサラダ　86
■菜の花
　菜の花のサラダ　70
■にんじん
　マセドアンサラダ　18
　コールスローサラダ　20
　中華風刺し身サラダ　34
　ベーシックなポテトサラダ　42
　キャロットラペ　58
　牛肉と野菜の韓国風サラダ　94
■白菜
　白菜のサラダ　69
■パプリカ
　焼きパプリカのマリネサラダ　64
■ビーツ
　ビーツのサラダ　60

■ブロッコリー
　温野菜のサラダ・バーニャカウダソース　23
　カリフラワーとブロッコリーのナムル風　93
■ベビーリーフ
　ベビーリーフのサラダ　54
　砂肝コンフィのサラダ　118
　ローストポークのサラダ　120
■ほうれん草
　ほうれん草のサラダ　67
■ポワロー
　ポワローのサラダ　63
■マーシュ
　マーシュとオレンジのサラダ　55
■三つ葉
　豆腐と揚げじゃこのサラダ　37
■みょうが
　豚しゃぶサラダ　36
■もやし
　ガドガドサラダ　101
■ルッコラ
　しめさばとディルのサラダ　106
　やりいかとそら豆のサラダ　110
■レタス
　コンビネーションサラダ　14
　小えびフライのサラダ　28
　豚しゃぶサラダ　36
　ミモザサラダ　38
　せん切りレタスのサラダ　52
　帆立て貝柱のバルサミコソテーサラダ　112
■ロメインレタス
　シーザーサラダ　19

...... きのこ
■きくらげ
　中華風春雨サラダ　33
　タイ風春雨のサラダ　98
■しいたけ
　牛肉と野菜の韓国風サラダ　94
■マッシュルーム
　マッシュルームのサラダ　62
　砂肝コンフィのサラダ　118

...... 卵
　コンビネーションサラダ　14
　ニース風サラダ　16
　発芽玄米のライスサラダ　29
　マカロニサラダ　30
　中華風春雨サラダ　33
　ミモザサラダ　38
　スタッフドエッグのサラダ　39
　ゆで卵のサラダ　40
　ポーチドエッグとアスパラガスのサラダ　41

　菜の花のサラダ　70
　いわしとスクランブルエッグのサラダ　80
　牛肉と野菜の韓国風サラダ　94
　ガドガドサラダ　101

...... 豆腐・豆腐干絲・厚揚げ
　豆腐と揚げじゃこのサラダ　37
　豆腐干絲のサラダ　92
　ガドガドサラダ　101

...... 豆
　白いんげん豆のサラダ　76
　ひよこ豆のサラダ　78
　レンズ豆のサラダ　79
　豆と揚げピーナツのサラダ　89

...... 肉
■牛肉
　牛肉と野菜の韓国風サラダ　94
　ステーキサラダ　122
■鶏肉
　蒸し鶏のサラダ・バンバンジー風　90
　タイ風春雨のサラダ　98
　ローストチキンのサラダ　116
　砂肝コンフィのサラダ　118
■豚肉
　豚しゃぶサラダ　36
　タイ風ひき肉のサラダ　96
　ローストポークのサラダ　120

...... 肉加工品
■コンビーフ
　ジャーマンポテト風サラダ　49
■チョリソソーセージ
　白いんげん豆のサラダ　76
■生ハム
　玉ねぎと生ハムのポテトサラダ　46
■ハム
　コンビネーションサラダ　14
　マセドアンサラダ　18
　中華風春雨サラダ　33
　ベーシックなポテトサラダ　42
　大根のサラダ　68
■ベーコン
　シーザーサラダ　19
　ほうれん草のサラダ　67
　レンズ豆のサラダ　79

魚介
■いか
　やりいかとそら豆のサラダ　110
■いわし
　いわしとスクランブルエッグのサラダ　80
■えび
　えびとアボカドのサラダ　27
　小えびフライのサラダ　28
　タイ風春雨のサラダ　98
　シーフードサラダ　108
■かに
　かにのトマトファルシサラダ　26
　かにとそら豆のポテトサラダ　44
■さば
　しめさばとディルのサラダ　106
■さんま
　揚げさんまと香菜のサラダ　114
■塩だら
　塩だらとじゃがいものサラダ　82
■白身魚（鯛、ひらめなど）
　中華風刺し身サラダ　34
　セビーチェ　103
■たこ
　たことセロリのサラダ　24
　シーフードサラダ　108
■たらこ
　タラモサラダ　84
■帆立て貝柱
　シーフードサラダ　108
　帆立て貝柱のバルサミコソテーサラダ　112
■まぐろ
　まぐろのタルタルサラダ　104
■ムール貝
　シーフードサラダ　108

海産加工品
■アンチョビー
　ニース風サラダ　16
　温野菜のサラダ・バーニャカウダソース　23
■じゃこ
　豆腐と揚げじゃこのサラダ　37
■スモークサーモン
　玉ねぎとスモークサーモンのサラダ　21
■ツナ缶
　ニース風サラダ　16
　発芽玄米のライスサラダ　29
　カレー風味のパスタサラダ　32

発芽玄米・押し麦
　発芽玄米のライスサラダ　29
　レンズ豆のサラダ　79

パン・クルトン
　シーザーサラダ　19
　パンツァネッラ　83
　まぐろのタルタルサラダ　104

パスタ・クスクス
　マカロニサラダ　30
　カレー風味のパスタサラダ　32
　クスクスのサラダ　87

春雨
　中華風春雨サラダ　33
　タイ風春雨のサラダ　98

チーズ
　シーザーサラダ　19
　トマトとモッツァレラチーズのサラダ　22
　やりいかとそら豆のサラダ　110

ナッツ
　中華風刺し身サラダ　34
　ベビーリーフのサラダ　54
　春菊のサラダ　69
　いわしとスクランブルエッグのサラダ　80
　豆と揚げピーナツのサラダ　89
　青パパイヤのサラダ　99
　ガドガドサラダ　101
　帆立て貝柱のバルサミコソテーサラダ　112
　砂肝コンフィのサラダ　118

フルーツ
■青パパイヤ
　青パパイヤのサラダ　99
■アボカド
　えびとアボカドのサラダ　27
　アボカドとサルサのサラダ　102
　まぐろのタルタルサラダ　104
■オレンジ
　マーシュとオレンジのサラダ　55
■文旦
　ベトナム風キャベツと文旦のサラダ　100

坂田阿希子　SAKATA AKIKO

料理研究家のアシスタント、
フランス菓子店やフランス料理店での経験を重ね、独立。
現在、料理教室「studio SPOON」を主宰し、
国内外を問わず、常に新しいおいしさを模索。
プロの手法を取り入れた家庭料理の数々は、どれも本格的な味わい。
著書に『圧力鍋で、すぐにおかず、ちゃんとごはん』（高橋書店）、
『そうだ！パスタにすればいいんだ！』（講談社）、
『コンフィと煮込み』（毎日コミュニケーションズ）、
『サンドイッチ教本』『スープ教本』（ともに東京書籍）、
共著に『テリーヌブック』（パイ インターナショナル）などがある。

studio SPOON　http://www.studio-spoon.com/

ブックデザイン	茂木隆行
撮影	広瀬貴子
スタイリング	久保百合子
構成・編集	松原京子
編集協力	後藤厚子
DTP	川端俊弘（wood house design）
プリンティングディレクター	栗原哲朗（図書印刷）

サラダ教本
きょうほん

2013年5月20日　第1刷発行

著　者　　坂田阿希子（さかた あきこ）
発行者　　川畑慈範
発行所　　東京書籍株式会社
　　　　　東京都北区堀船2-17-1　〒114-8524
　　　　　電話　03-5390-7531（営業）　03-5390-7508（編集）
印刷・製本　図書印刷株式会社

Copyright ⓒ 2013 by Akiko Sakata
All Rights Reserved.
Printed in Japan
ISBN978-4-487-80784-0 C2077
乱丁・落丁の際はお取り替えさせていただきます。
本書の内容を無断で転載することはかたくお断りいたします。